国家高新区
瞪羚企业发展报告
2019

科学技术部火炬高技术产业开发中心　著

·北京·

图书在版编目（CIP）数据

国家高新区瞪羚企业发展报告. 2019 / 科学技术部火炬高技术产业开发中心著. —北京：科学技术文献出版社，2020.8
ISBN 978-7-5189-7040-7

Ⅰ.①国… Ⅱ.①科… Ⅲ.①高技术企业—企业发展—研究报告—中国—2019 Ⅳ.① F279.244.4

中国版本图书馆 CIP 数据核字（2020）第 159502 号

国家高新区瞪羚企业发展报告2019

| 策划编辑：李 蕊 | 责任编辑：王 培 | 责任校对：王瑞瑞 | 责任出版：张志平 |

出 版 者	科学技术文献出版社
地 址	北京市复兴路15号　邮编 100038
编 务 部	（010）58882938，58882087（传真）
发 行 部	（010）58882868，58882870（传真）
邮 购 部	（010）58882873
官 方 网 址	www.stdp.com.cn
发 行 者	科学技术文献出版社发行　全国各地新华书店经销
印 刷 者	北京时尚印佳彩色印刷有限公司
版 次	2020年8月第1版　2020年8月第1次印刷
开 本	889×1194　1/16
字 数	123千
印 张	7.75
书 号	ISBN 978-7-5189-7040-7
定 价	98.00元

版权所有　违法必究

购买本社图书，凡字迹不清、缺页、倒页、脱页者，本社发行部负责调换

国家高新区瞪羚企业发展报告2019
研究组

组　　　长：贾敬敦　张卫星

副　组　长：李有平　赵树璠　武文生

执 行 组 长：李　享　马宇文

主要研究人员：张　琳　谷潇磊　张艳秋　王胜男

研究组成员：李志远　余志海　周　力　魏　颖
　　　　　　　王天霞　聂举丰　马佳慧　雷　霆
　　　　　　　刘海平　刘　偲　杨文英

前　言

在全球技术经济变革及我国经济进入新常态的背景下，国家全面深化改革和创新驱动发展战略部署全面展开，以科技创新为代表的新经济成为经济增长的新动能。瞪羚企业作为创新创业的主力军，逐渐成为高新区孕育原创新兴产业和催动传统产业颠覆式变革的引领者，成为区域创新发展的新引擎。

瞪羚企业是指跨越死亡谷、进入快速成长期的创新创业企业，也被称为高成长企业。瞪羚企业的概念诞生于20世纪90年代，最初由美国麻省理工学院教授David Birch提出，之后几十年，瞪羚企业的快速崛起和发展在发达国家引起了广泛关注。《硅谷指数》将"瞪羚企业数量"作为反映硅谷经济景气程度的重要指标之一，经济合作与发展组织（OECD）每年都会持续跟踪报告瞪羚企业等高成长企业的发展。

2019年7月15日，李克强总理主持召开经济形势专家和企业家座谈会时指出，"创造有利条件，催生更多'独角兽企业'、'瞪羚企业'、新领军者企业，加快新动能培育和新旧动能转换"，进一步明确了培育瞪羚企业的重要意义。为更好地发现和培育瞪羚企业，自2014年起，科技部火炬中心牵头成立"国家高新区瞪羚企业发展研究组"，在研究国内外瞪羚企业相关理论与政策的基础上，每年对国家高新区企业统计数据库中的累积数据进行跟踪分析，研究编制《国家高新区瞪羚企业发展报告》，长城战略咨询作为支撑单位，参与了数据分析和研究工作。2019年，《国家高新区瞪羚企业发展报告2018》正式纳入国家创新调查工作。

"国家高新区瞪羚企业发展研究组"共进行了6期国家高新区瞪羚企业研究。《国家高新区瞪羚企业发展报告2019》以2015—2018年国家高新区企业统计数据为基础，以经济增长、创新活动等为标准遴选出2968家符合标准的国家高新区瞪羚企业，对国家高新区瞪羚企业的群体特征、双创发展、区域分布、发展变化进行系统分析。同时，持续跟踪6期瞪羚企业群体，对6年来瞪羚企业群体持续发展状况进行分析研究，并介绍全国各区域瞪羚企业培育工作的开展情况。本报告旨在为相关决策部门、企业和研究人员较为全面地掌握国家高新区瞪羚企业的发展现状及开展相关工作提供参考。

国家高新区瞪羚企业发展研究组

总 论	1
第一章　国家高新区瞪羚企业经济指标分析	*3*
一、瞪羚企业是高成长企业的典型代表	*4*
二、瞪羚企业向轻资产、国际化发展	*11*
第二章　国家高新区瞪羚企业群体特征分析	*19*
一、高新技术企业及中小型企业是瞪羚企业的主体	*20*
二、2018年瞪羚企业群体中新晋瞪羚企业占比过半	*24*
第三章　国家高新区瞪羚企业行业及领域分析	*31*
一、瞪羚企业行业分布广泛	*32*
二、九成以上瞪羚企业属于高新技术领域	*36*
三、三分之二以上的瞪羚企业集中分布于高技术产业	*39*
四、软件信息和技术服务业瞪羚企业占比提升	*41*
第四章　不同类别国家高新区的瞪羚企业表现	*45*
一、瞪羚企业分布于142个国家高新区	*46*

二、世界一流高科技园区的瞪羚企业共有1757家	49
三、创新型科技园区的瞪羚企业共有464家	50
四、创新型特色园区的瞪羚企业共有316家	52
五、其他园区的瞪羚企业共有431家	54
六、国家自主创新示范区的瞪羚企业共有2591家	55
七、八成以上瞪羚企业分布于54个稳定期高新区	58

第五章　国家高新区瞪羚企业创新发展分析　　61

一、瞪羚企业创新投入日趋活跃	62
二、瞪羚企业科技创新成果多样化	70

第六章　国家高新区瞪羚企业持续发展分析　　77

一、入选瞪羚企业的群体始终保持增长	78
二、瞪羚企业保持3年连续高质量成长	81
三、瞪羚企业在资本市场表现良好	85

第七章　国家高新区持续推进瞪羚企业培育　　93

一、各地持续深入开展瞪羚企业培育工作	94
二、高新区瞪羚企业培育优秀案例	98

附件　《国家高新区瞪羚企业发展报告2019》遴选标准　　113

一、定量提取指标	114
二、定性筛查指标	115
三、创新门槛指标	115

总　论

瞪羚企业是指成功跨越创业死亡谷后，商业模式得到市场认可，进入爆发式增长阶段的创新型企业。瞪羚企业具有成长速度快、创新能力强、专业领域新、发展潜力大的特征，通过应用新技术、推出新产品、提供新服务、拓展新市场、创建新模式或构建新业态等方式，实现高速成长。

《国家高新区瞪羚企业发展报告2019》（以下简称"报告"）以2015—2018年国家高新区统计数据为基础，以经济增长、创新活动等为标准遴选出2968家符合标准的瞪羚企业。报告显示，瞪羚企业科技创新动力强劲，持续带动区域经济高质量发展。

1.瞪羚企业成为区域经济发展的推动力，在国家高新区中持续扩大。瞪羚企业数占国家高新区入统企业的2.5%，比2017年增长111家，为国家高新区贡献了4.1%的营业收入、4.5%的实际上缴税费、5.1%的从业人员数量、7.4%的净利润。瞪羚企业群体区域分布更加广泛，拥有瞪羚企业的国家高新区达到142个，占国家高新区总数的84%，18个国家高新区首次出现瞪羚企业。

2.瞪羚企业科技创新动力强劲。瞪羚企业八成为中小型企业，近七成瞪羚企业的科技活动投入强度（即科技活动投入经费占营业收入的比例）达到5.0%以上。瞪羚企业群体平均科技活动投入强度为9.2%，科技活动人员占比达到35.0%。其中有2809家高新技术企业，占总数的94.6%。在涉及的高新技术领域中，新能源与高效节能领域瞪羚企业平均营业收入规模最大，光机电一体化领域瞪羚企业平均科技活动投入强度最高，新能源与高效节能领域瞪羚企业每万名R&D人员专利授权最多。瞪羚企业中有

1998家从事高技术产业，占瞪羚企业总数的67.3%，其中高技术制造业683家、高技术服务业1315家。

3.瞪羚企业是对抗经济下行的生力军。瞪羚企业群体的工业总产值、营业收入、净利润、出口、实际上缴税费和从业人员等核心经济指标方面均优于国家高新区入统企业平均值，甚至达到入统企业平均值的3倍，成为助推经济高质量发展的新生力量。在经济下行的形势下，瞪羚企业群体营业收入仍保持高增长，三年复合增长率达37.1%，人均营业收入为131.9万元，同比增长17.7%；人均工业总产值为69.3万元，同比增长10.1%；人均净利润为16.7万元，同比增长4.2%。瞪羚企业吸纳就业人数增多，期末从业人员达106.6万人，平均从业人员数量为359人。

4.瞪羚企业在贸易摩擦的大环境下仍保持出口增长。瞪羚企业中共有905家有对外进出口贸易，出口总额达到1398.5亿元，同比增长44.2%，高新技术产品出口、技术服务出口和境外分支机构数量均呈增长趋势。值得注意的是，瞪羚企业对境外直接投资额为49.5亿元，同比下降25.0%；瞪羚企业引进留学归国人员数量逐年增加，三年复合增长率为21.3%，但外籍常驻人员同比下降16.0%。

5.瞪羚企业在资本市场表现良好。获得风险投资的瞪羚企业为362家，累计获得风险投资额313.9亿元，三年复合增长率为51.8%。在孵或毕业于孵化器的瞪羚企业更容易获得风险投资，在孵或毕业于孵化器的瞪羚企业有14.4%获得过风险投资，与孵化器无关的瞪羚企业中只有6.4%获得过风险投资。6年持续跟踪研究的8931家瞪羚企业中，共有1220家企业成功上市或挂牌，其中637家企业入选瞪羚企业，当年或之后成功上市或挂牌。截至2019年年底，在科创板公开发行股票的70家企业中，54家位于国家高新区，22家曾入选国家高新区瞪羚企业。

6.出台瞪羚企业培育计划的高新区数量不断增多。随着瞪羚企业对于区域经济发展增效作用的显现，越来越多的高新区开始制订瞪羚企业培育计划，出台瞪羚企业培育计划的高新区数量不断增多；同时，部分高新区连续培育瞪羚企业成为常态，不断对瞪羚企业培育工作进行优化升级，部分地区将瞪羚企业培育升级到省级层面，并开始探索和建立"创业—瞪羚—高成长"的新经济企业全链条成长的支持体系。

国家高新区瞪羚企业发展报告2019

第一章 国家高新区瞪羚企业经济指标分析[①]

[①] 本报告全文对数据做了以下处理:除个别特殊情况外(文中加批注说明处),统一保留小数点后一位小数。

一、瞪羚企业是高成长企业的典型代表

根据科技部火炬中心国家高新区2015—2018年的统计数据显示，本期报告共遴选出符合标准的瞪羚企业2968家，占国家高新区入统企业数量的2.5%。瞪羚企业具有较高的成长性，其经济贡献优于高新区入统企业平均水平，是高新区高成长企业的优秀代表。

（一）瞪羚企业经营业绩表现优异

瞪羚企业经济指标表现良好。国家高新区瞪羚企业2018年平均营业收入4.7亿元，平均净利润5981万元，群体平均利润率12.6%，平均从业人员359人，平均科技活动投入4336万元，平均科技活动投入强度9.2%（表1-1）。

表1-1　4期国家高新区瞪羚企业经济指标

对比维度	对比指标	2018年度瞪羚企业	2017年度瞪羚企业	2016年度瞪羚企业	2015年度瞪羚企业
成长性	营业收入三年复合增长率	37.1%	40.6%	34.3%	35.8%
平均规模	年平均收入（亿元）	4.7	6.4	6.8	9.1
	年平均从业人员（人）	359	431	469	527
营利性	年平均净利润（万元）	5981	6919	6551	6684
	群体平均利润率	12.6%	10.8%	9.6%	7.4%
科技投入	年平均科技活动投入强度	9.2%	7.0%	6.2%	4.7%

国家高新区瞪羚企业业绩表现全面优于高新区平均水平。2968家国家高新区瞪羚企业以2.5%的数量占比，贡献了3.3%的工业总产值、4.1%的营业收入、7.4%的净利润、3.8%的出口额、4.5%的实际上缴税费、5.1%的从业人员数量。同时，瞪羚企业占高新区企业技术收入总额的11.7%和科技活动人员总数的8.8%，表现了瞪羚企业在引领新经济创新发展方面的突出作用。可以看出，瞪羚企业在工业总产值、营业收入、净利润、出口额、实际上缴税费和从业人员数量方面，均大幅高于国家高新区的平均水平，分别达到高新区平均水平的1.4、1.6、3.0、1.5、1.8和2.1倍，是高新区企业中经营表现优异的企业群体（表1-2、表1-3）。

表1-2 瞪羚企业各项指标占高新区入统企业比例

指标	瞪羚企业	高新区企业	占比
企业数（家）	2968	120 057	2.5%
高新技术企业数（家）	2809	62 792	4.5%
工业总产值（亿元）	7380.9	222 525.5	3.3%
年末资产（亿元）	28 690.0	527 817.5	5.4%
营业收入（亿元）	14 060.6	346 213.9	4.1%
技术收入（亿元）	4609.2	39 284.1	11.7%
净利润（亿元）	1775.2	23 918.1	7.4%
出口（亿元）	1398.5	37 263.8	3.8%
上缴税额（亿元）	844.2	18 650.5	4.5%
年末从业人员（人）	1 065 979	20 915 695	5.1%
科技活动人员（人）	376 504	4 280 661	8.8%

表1-3 瞪羚企业与高新区入统企业各项经济指标均值对比

指标	瞪羚企业	高新区企业	倍数
工业总产值平均值（亿元）	2.5	1.8	1.4
全员劳动生产率（万元/人）	69.3	34.8	2.0
年末资产平均值（亿元）	9.7	4.4	2.2
营业收入平均值（亿元）	4.7	2.9	1.6
技术收入平均值（万元）	15 529.5	3272.1	4.7
净利润平均值（万元）	5981.1	1992.2	3.0

续表

指标	瞪羚企业	高新区企业	倍数
总资产利润率	6.2%	4.5%	1.4
出口创汇平均值（万美元）	4711.9	3103.8	1.5
上缴税额平均值（万元）	2844.3	1553.5	1.8
平均研发投入强度	11.1%	10.3%	1.1
年末从业人员平均值（人）	359	174	2.1
本科学历从业人员占比	50.4%	36.6%	1.4
科技活动人员平均值（人）	127	36	3.5

（二）瞪羚企业营业收入三年复合增长率达 37.1%

国家高新区瞪羚企业表现出较高的成长性。国家高新区瞪羚企业营业收入2015—2018年三年复合增长率达37.1%，其中，营业收入三年复合增长率在20%～30%的瞪羚企业数量最多，共1066家，占比35.9%；三年复合增长率在30%～40%的瞪羚企业有635家，占比21.4%；三年复合增长率在40%～50%的瞪羚企业有400家，占比13.5%；三年复合增长率达到100%以上的瞪羚企业有149家，占比5.0%（表1-4）。

表1-4 瞪羚企业营业收入三年复合增长率分布[①]

收入三年复合增长率	企业数量（家）	占比
100%以上	149	5.0%
80%～100%	119	4.0%
70%～80%	106	3.6%
60%～70%	150	5.1%
50%～60%	264	8.9%
40%～50%	400	13.5%
30%～40%	635	21.4%
20%～30%	1066	35.9%
10%～20%	36	1.2%
10%以下	43	1.4%

---

① 本报告因小数取舍而产生的误差均未做配平处理。

5.8%的瞪羚企业实现高速发展。2968家瞪羚企业中，有172家企业成立5年内营业收入突破5亿元或者成立10年内营业收入突破10亿元，实现了高速发展。该群体占本期瞪羚企业总数的5.8%。

（三）四成以上瞪羚企业营业收入规模在1亿元以内

四成以上瞪羚企业营业收入规模集中在1亿元以内。2968家瞪羚企业2018年平均营业收入规模为4.7亿元。瞪羚企业营业收入规模分布不均衡，其中最高营业收入为415.5亿元，最低营业收入为1823万元。其中，收入大于10亿元的有236家，占比8.0%；收入在9亿~10亿元的有20家，占比0.7%；收入在8亿~9亿元的有24家，占比0.8%；收入在7亿~8亿元的有39家，占比1.3%；收入在6亿~7亿元的有52家，占比1.8%；收入在5亿~6亿元的有52家，占比1.8%；收入在4亿~5亿元的有101家，占比3.4%；收入在3亿~4亿元的有143家，占比4.8%；收入在2亿~3亿元的有297家，占比10.0%；收入在1亿~2亿元的有642家，占比21.6%；收入在1亿元以下的有1362家，占比45.9%（表1-5）。

表1-5 国家高新区瞪羚企业营业收入分布

收入区间（元）	企业数量（家）	数量占比	累计占比
1亿以下	1362	45.9%	45.9%
1亿~2亿	642	21.6%	67.5%
2亿~3亿	297	10.0%	77.5%
3亿~4亿	143	4.8%	82.4%
4亿~5亿	101	3.4%	85.8%
5亿~6亿	52	1.8%	87.5%
6亿~7亿	52	1.8%	89.3%
7亿~8亿	39	1.3%	90.6%
8亿~9亿	24	0.8%	91.4%
9亿~10亿	20	0.7%	92.1%
10亿以上	236	8.0%	100.0%

高新区瞪羚企业营业收入10亿元以上的236家企业中，有51家上市或挂牌。其中深交所中小板有11家，香港和上交所（含B股）各10家，新三板挂牌6家（表1-6）。

表1-6　45家上市、6家挂牌企业板块分布

上市或挂牌板块	企业数量（家）
深交所中小板	11
香港	10
上交所（含B股）	10
新三板	6
纳斯达克	5
深交所创业板	4
纽交所	3
深交所主板（含B股）	2

（四）瞪羚企业平均实现净利润近6000万元

瞪羚企业群体盈利能力高于高新区平均水平。2968家瞪羚企业群体共实现净利润1775.2亿元，平均每家企业实现净利润5981万元，瞪羚企业群体平均净利润率为12.6%、平均资产利润率为6.2%、平均净资产利润率为17.7%，均高于高新区平均水平。

从净利润分布来看，大部分瞪羚企业的净利润在0~2000万元，占瞪羚企业总数的55.4%。其中大部分集中于500万元以下，共799家，占比26.9%；净利润达到1亿元以上的瞪羚企业共243家，占比8.2%；有304家企业处于未盈利状态，占比10.2%（表1-7）。

表1-7　2018年瞪羚企业净利润分布

净利润（元）	企业数量（家）	占比
1亿以上	243	8.2%
8000万~1亿	63	2.1%
6000万~8000万	106	3.6%
5000万~6000万	78	2.6%
4000万~5000万	108	3.6%
3000万~4000万	154	5.2%
2000万~3000万	269	9.1%

续表

净利润（元）	企业数量（家）	占比
1000万~2000万	446	15.0%
500万~1000万	398	13.4%
0~500万	799	26.9%
未盈利[①]	304	10.2%

瞪羚企业群体2018年平均净利润率为12.6%，高于2017年瞪羚企业群体7.0%的净利润率，且高于2018年高新区企业群体6.9%的净利润率。从分布来看，瞪羚企业净利润率分布在0~5%的最多，共755家，占比25.4%；分布在5%~10%的共577家，占比19.4%；分布在10%~20%的共712家，占比24.0%；净利润率超过50.0%的瞪羚企业共88家，仅占比3.0%；有304家瞪羚企业净利润率为负，占比10.2%（表1-8）。

表1-8　2018年瞪羚企业平均净利润率分布

平均净利润率	企业数量（家）	占比
50%以上	88	3.0%
30%~50%	204	6.9%
20%~30%	328	11.1%
10%~20%	712	24.0%
5%~10%	577	19.4%
0~5%	755	25.4%
负值	304	10.2%

2968家瞪羚企业群体2018年平均资产利润率为6.2%，高于国家高新区企业群体4.5%的平均资产利润率。平均资产利润率在0~5%的瞪羚企业最多，共678家，占瞪羚企业总数的22.8%；平均资产利润率超过30%的瞪羚企业有343家，占比11.6%；有306家瞪羚企业平均资产利润率为负，占比10.3%（表1-9）。

---

① 2018年，2968家瞪羚企业中有304家企业净利润为负。

表1-9 2018年瞪羚企业平均资产利润率分布

平均资产利润率	企业数量（家）	占比
50%以上	103	3.5%
30%~50%	240	8.1%
20%~30%	336	11.3%
15%~20%	309	10.4%
10%~15%	427	14.4%
5%~10%	569	19.2%
0~5%	678	22.8%
负值[①]	306	10.3%

瞪羚企业群体2018年平均净资产利润率为17.7%，高于国家高新区企业群体10.6%的平均净资产利润率。平均净资产利润率在0~25%的瞪羚企业最多，共1613家，占瞪羚企业总数的54.3%；在25%~30%的瞪羚企业有212家，占比7.1%；在30%~50%的瞪羚企业有506家，占比17.0%；平均净资产利润率超过50%的瞪羚企业共350家，占比11.8%；有287家瞪羚企业平均净资产利润率为负，占比9.7%（表1-10）。

表1-10 2018年瞪羚企业平均净资产利润率分布

平均净资产利润率	企业数量（家）	占比
50%以上	350	11.8%
45%~50%	82	2.8%
40%~45%	100	3.4%
35%~40%	134	4.5%
30%~35%	190	6.4%
25%~30%	212	7.1%
20%~25%	246	8.3%
15%~20%	308	10.4%
10%~15%	336	11.3%
5%~10%	337	11.4%

---

① 2018年，2968家瞪羚企业中有306家企业平均资产利润率为负。

续表

平均净资产利润率	企业数量（家）	占比
0～5%	386	13.0%
负值①	287	9.7%

二、瞪羚企业向轻资产、国际化发展

（一）瞪羚企业经营效率保持稳定增长

瞪羚企业人均效率、人均利润保持稳定增长。瞪羚企业2018年人均工业产值69.3万元，同比增长10.2%，2015—2018年三年复合增长率为10.9%（图1-1）；人均营业收入131.9万元，2015—2018年三年复合增长率为18.1%（图1-1）；人均利润16.7万元，2015—2018年三年复合增长率为19.0%（图1-2）。瞪羚企业2015—2017年净资产利润率逐年提高，由2015年的14.7%增长到2017年的19.3%，2018年下降为17.7%（图1-3）。①

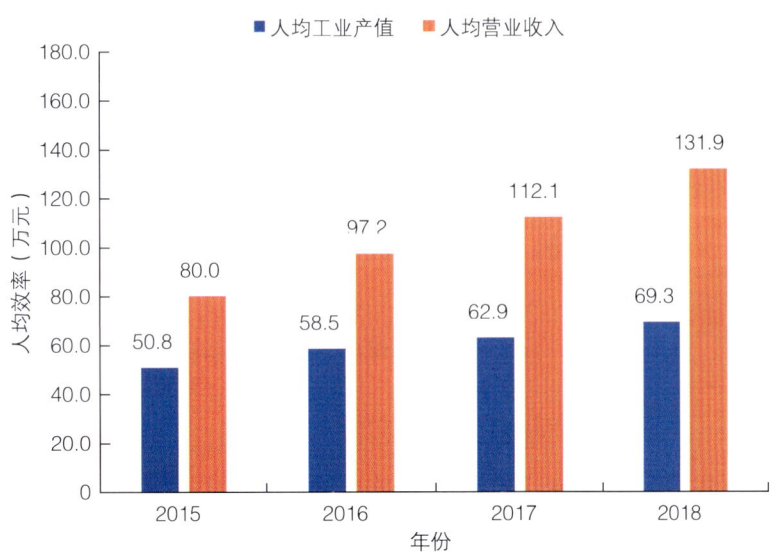

图1-1　2015—2018年瞪羚企业人均效率

---

① 2018年，2968家瞪羚企业中有287家企业平均净资产利润率为负。

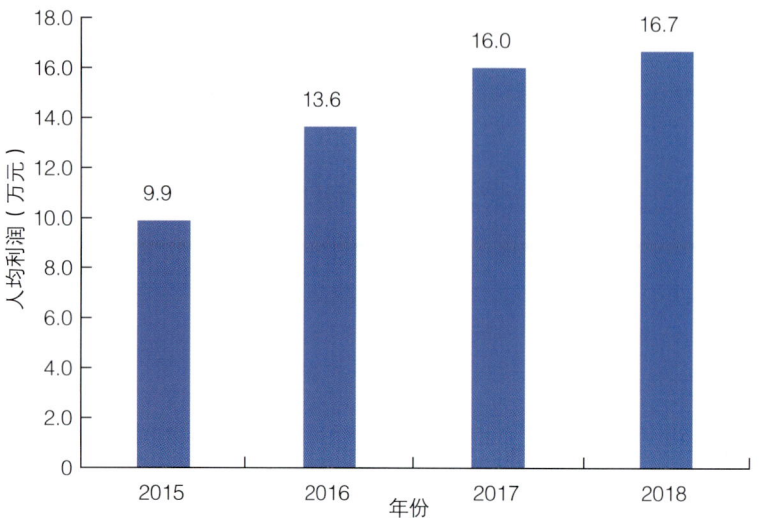

图1-2　2015—2018年瞪羚企业人均利润

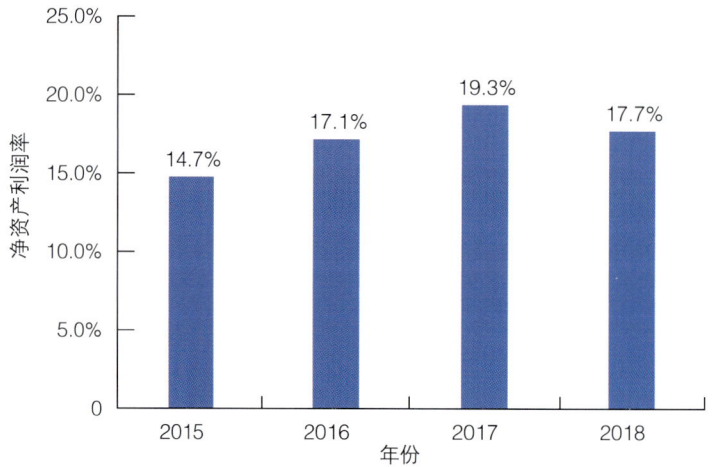

图1-3　2015—2018年瞪羚企业净资产利润率

（二）瞪羚企业逐步向轻资产化发展

瞪羚企业总资产快速增加。2018年，瞪羚企业资产总计28 690.1亿元，平均每家企业9.7亿元，2018年增长率为32.7%，三年复合增长率达到43.7%。

流动资产在瞪羚企业资产结构中所占比例逐年上升。2018年，瞪羚企业资产构成中流动资产共21 903.8亿元，占总资产的76%。2015—2018年，瞪羚企业流动资产占比由65%逐年上升至76%，提高了11个百分点（图1-4）。

图1-4 2015—2018年瞪羚企业资产构成情况

（三）瞪羚企业持续布局海外市场

瞪羚企业在境外设立营销服务和技术研发机构数量持续增多。近年来，瞪羚企业愈加重视国际创新合作，通过国家高新区提供的全球创新资源链接渠道，开展多元化的创新活动。瞪羚企业2018年境外营销服务机构共209个，境外技术研发机构共94个。与2015年相比，境外营销服务机构增加了96个，境外技术研发机构增加了53个（图1-5）。

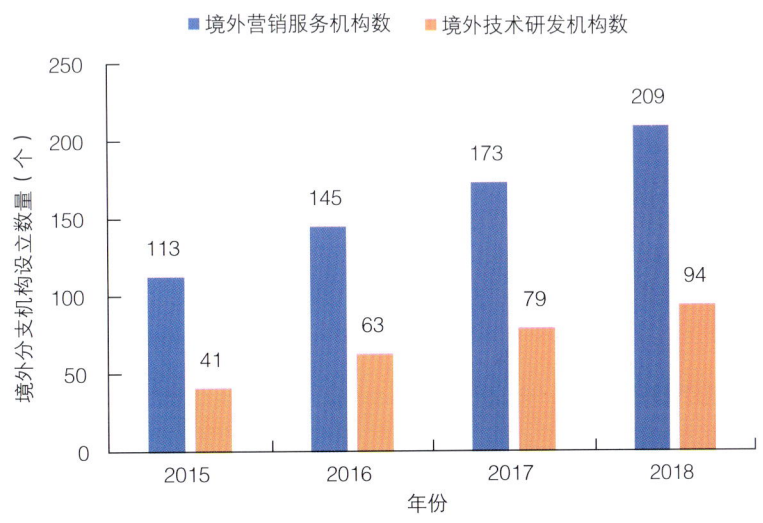

图1-5 2015—2018年瞪羚企业境外分支机构设立情况

瞪羚企业积极引进海外人才。2018年，瞪羚企业中海外人才约1.6万人，占从业人员总数的1.5%；其中留学归国人员约1.1万人，外籍常驻人员3799人，外籍专家1300人。2015—2018年，留学归国人员三年复合增长率为21.3%，外籍专家三年复合增长率为2.1%，外籍常驻人员占比在2018年略有下降（图1-6）。

图1-6　2015—2018年瞪羚企业引进海外人才情况

近三成瞪羚企业有进出口业务。2018年，2968家瞪羚企业中共有851家有对外进出口业务，占比28.7%；其中851家有对外出口业务，占比28.7%。851家有对外出口业务的瞪羚企业中，以设备制造业为主，其中两成为计算机、通信和其他电子设备制造业（表1-11）。

表1-11　有出口业务的瞪羚企业行业分布

二级行业大类	瞪羚企业数量（家）	占比
计算机、通信和其他电子设备制造业	184	21.6%
专用设备制造业	113	13.3%
软件和信息技术服务业	99	11.6%
电气机械和器材制造业	76	8.9%
通用设备制造业	63	7.4%
仪器仪表制造业	53	6.2%
其他	263	30.9%

瞪羚企业进出口规模持续增长。瞪羚企业2018年进出口总额达到2347.5亿元，同比增长38.0%，三年复合增长率为17.6%；出口总额达到1398.5亿元，同比增长44.2%，三年复合增长率为26.1%（图1-7）。

图1-7　2015—2018年瞪羚企业进出口情况

74.1%的瞪羚企业2018年出口总额大于2017年。851家有对外出口业务的瞪羚企业中，有631家2018年出口总额相比2017年增加，占74.1%，其中164家增长了1倍以上；219家2018年出口总额相比2017年有所减少，占25.7%（图1-8）。

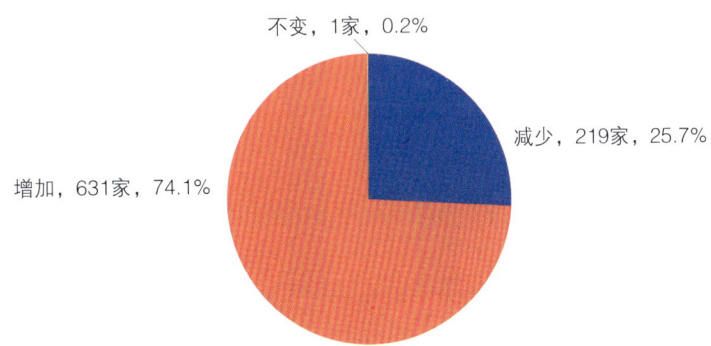

图1-8　瞪羚企业2018年出口与2017年出口变化情况

瞪羚企业高新技术产品及技术服务出口呈增长态势。瞪羚企业2018年高新技术产品出口总额为1075.5亿元，同比增长47.3%，三年复合增长率为25.7%；技术服务出口总额为48.9亿元，同比增长11.9%，三年复合增长率为27.2%。2018年，国家高新区瞪羚企业高新技术产品出口额和技术服务出口额分别占国家高新区瞪羚企业出口总额的76.9%和3.5%，其中技术服务出口占比在2016年达到峰值，之后出现下降（图1-9、图1-10）。

图1-9　2015—2018年瞪羚企业高新技术产品出口情况

图1-10　2015—2018年瞪羚企业技术服务出口情况

瞪羚企业积极开展境外投资。2015—2017年，瞪羚企业对境外直接投资额逐年增加，2017年达到66.1亿元，两年复合增长率为59.4%。2018年瞪羚企业对境外直接投资额有所减少，为49.5亿元（图1-11）。

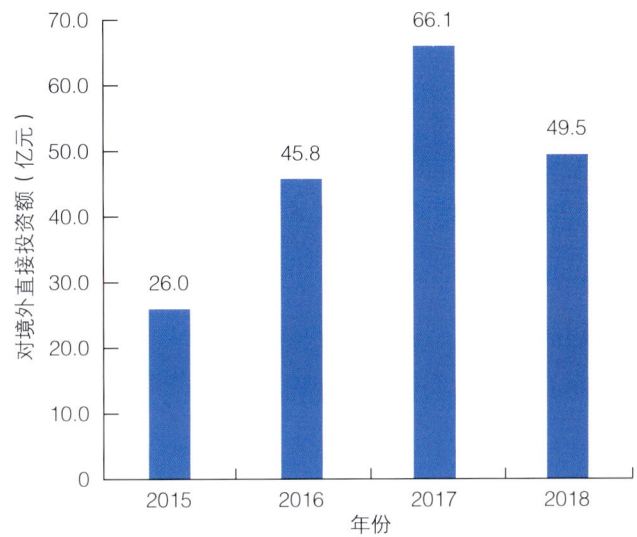

图1-11　2015—2018年瞪羚企业对境外直接投资情况

国家高新区瞪羚企业发展报告2019

第二章

国家高新区瞪羚企业群体特征分析

一、高新技术企业及中小型企业是瞪羚企业的主体

2968家国家高新区瞪羚企业八成以上为中小型企业，九成以上为高新技术企业，近八成为民营企业。

（一）瞪羚企业群体八成以上为中小型企业

超过八成瞪羚企业为中小型企业。在2968家瞪羚企业中，小型瞪羚企业数量最多，为1524家，占总体瞪羚企业的比例为51.3%；其次数量较多的是中型瞪羚企业，为1051家，占总体瞪羚企业的比例为35.4%；大型瞪羚企业389家，占总体瞪羚企业的比例为13.1%；微型瞪羚企业4家，仅占总体瞪羚企业的0.1%（表2-1）。

表2-1 大中小微型瞪羚企业情况

类型	大型	中型	小型	微型	总计
企业数量（家）	389	1051	1524	4	2968
占比	13.1%	35.4%	51.3%	0.1%	100.0%

（二）近九成瞪羚企业持续经营时间在6年及以上

瞪羚企业平均持续经营时间约为8.9年。绝大多数瞪羚企业成立时间达到6年及以上（2664家，占89.8%），2013年及之后成立的瞪羚企业为304家，仅占瞪羚企业总数的10.2%，说明绝大多数瞪羚企业持续经营时间在6年及以上，瞪羚企业经营持续性良好（表2-2、图2-1）。

表2-2 瞪羚企业持续经营时间分布

注册时间	持续经营时间（年）	企业数量（家）	占比
2005年	13	313	10.5%
2006年	12	323	10.9%
2007年	11	319	10.7%
2008年	10	302	10.2%
2009年	9	362	12.2%
2010年	8	379	12.8%
2011年	7	397	13.4%
2012年	6	269	9.1%
2013年	5	203	6.8%
2014年	4	70	2.4%
2015年	3	23	0.8%
2016年	2	3	0.1%
2017年	1	2	0.1%
2018年	小于1	3	0.1%
总计		2968	100.0%

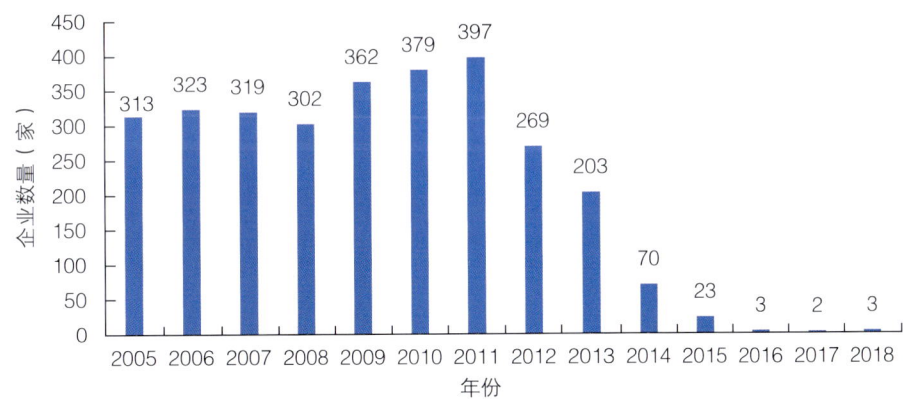

图2-1 瞪羚企业持续经营时间分布

（三）瞪羚企业多为民营企业和高新技术企业

民营企业是高新区瞪羚企业的主体。从企业控股情况和登记注册情况来看，2968家瞪羚企业中，78.1%为私人控股，仅7.7%为国有控股。私人控股及私营企业仍是瞪羚企业的主力（图2-2）。

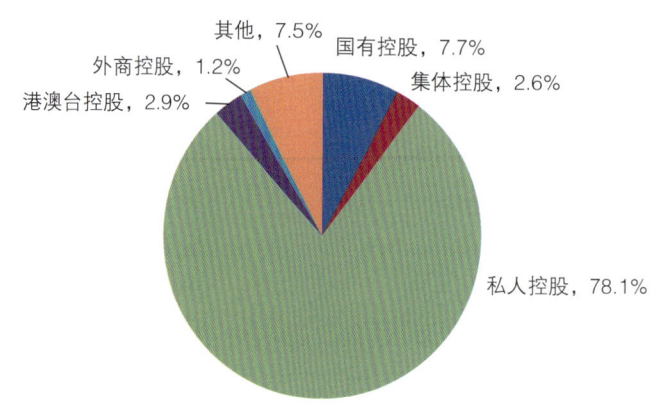

图2-2　2018年瞪羚企业控股情况

九成以上瞪羚企业被认定为高新技术企业。2968家瞪羚企业中被认定为高新技术企业的有2809家，占瞪羚企业总数的94.6%。瞪羚企业中高新技术企业占比远高于高新区整体水平：在全国高新区2018年纳入统计范围内的120 057家企业中，高新技术企业占比52.3%，瞪羚企业中高新技术企业占比高出高新区平均42.3个百分点（图2-3）。

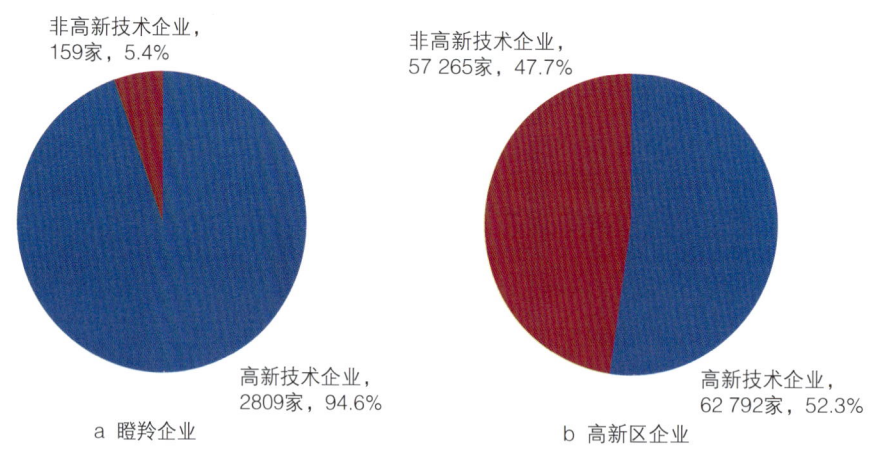

图2-3　2018年瞪羚企业获得国家高新技术企业认定情况

历年瞪羚企业群体中，高新技术企业占比不断提高。从2013—2018年瞪羚企业群体中高新技术企业数量和占比来看，高新技术企业占比从2013年的75.6%上升至2018年的94.6%，瞪羚企业中绝大部分企业是高新技术企业（图2-4）。

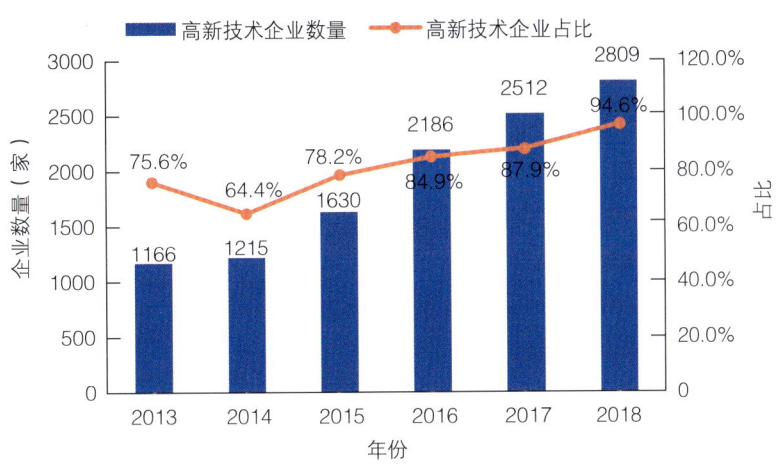

图2-4　历年瞪羚企业群体高新技术企业占比

(四) 瞪羚企业人员规模集中分布在50～100人

从业人员规模集中分布在50～100人。2968家瞪羚企业2018年期末从业人数为106.6万人，平均每家企业拥有从业人员359人。其中，从业人员数量在51～100人的企业数量最多，共706家，占瞪羚企业总数的23.8%；从业人员数量超过1000人的瞪羚企业有200家，占比6.7%（表2-3、图2-5）。

表2-3　瞪羚企业从业人员数量分布

从业人员数量（人）	企业数量（家）	占比
50及以下	443	14.9%
51～150	1143	38.5%
151～300	641	21.6%
301～500	321	10.8%
501～1000	220	7.4%
1000以上	200	6.7%

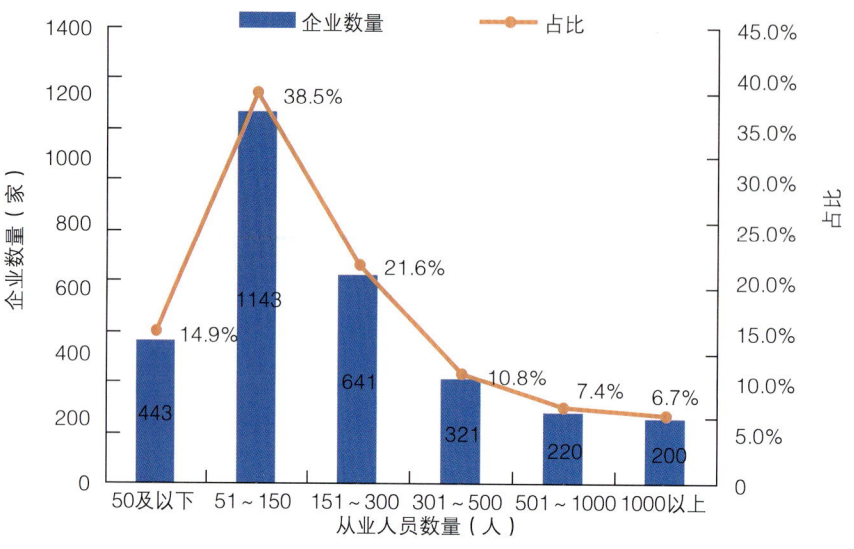

图2-5 瞪羚企业从业人员数量分布

二、2018年瞪羚企业群体中新晋瞪羚企业占比过半[①]

五成以上瞪羚企业首次入选瞪羚企业榜单。2018年2968家国家高新区瞪羚企业中，共有1637家企业为首次入选瞪羚企业名单，占比55.2%。

（一）新晋瞪羚企业主要分布在世界一流园区

世界一流高科技园区新晋瞪羚企业共有936家。其中，中关村新晋瞪羚企业382家，上海张江143家，深圳80家，苏州工业园区70家，广州58家，武汉东湖58家，西安45家，成都42家，杭州35家，合肥23家（表2-4）。

表2-4 世界一流高科技园区新晋瞪羚企业数量

序号	世界一流高科技园区的高新区	新晋瞪羚企业数量（家）
1	中关村	382
2	上海张江	143
3	深圳	80

---

① 新晋瞪羚企业即2018年首次入选国家高新区瞪羚企业名单的企业。

续表

序号	世界一流高科技园区的高新区	新晋瞪羚企业数量（家）
4	苏州工业园区	70
5	广州	58
6	武汉东湖	58
7	西安	45
8	成都	42
9	杭州	35
10	合肥	23
	总计	936

全国10家世界一流高科技园区的新晋瞪羚企业在2018年平均营业收入、平均总资产、平均从业人员数量等经济指标上的情况如表2-5所示。

表2-5　世界一流高科技园区新晋瞪羚企业经济指标分析

世界一流高科技园区	平均营业收入（亿元）	平均总资产（亿元）	平均从业人员数量（人）	平均出口总额（万元）	科技活动投入强度	净利润率	平均实际上缴税费（万元）	科技活动人员占比
合肥	3.7	3.1	324	8970.5	4.1%	4.2%	891.2	26.9%
成都	3.3	4.3	265	446.3	5.7%	5.6%	1211.7	32.0%
深圳	2.8	2.8	255	4984.6	7.0%	9.9%	1148.3	30.0%
上海张江	1.8	3.0	169	998.9	8.7%	10.5%	1063.3	41.5%
中关村	1.6	3.3	189	413.2	12.9%	9.1%	826.6	40.4%
苏州工业园区	1.2	1.5	117	1503.0	12.1%	11.4%	647.5	49.9%
广州	1.2	1.4	183	2235.5	12.6%	5.5%	592.7	38.9%
杭州	1.2	1.3	168	695.8	13.2%	8.1%	479.3	51.5%
武汉东湖	1.1	1.8	167	520.5	9.2%	15.3%	691.0	38.9%
西安	0.7	0.8	128	417.3	13.5%	6.4%	360.8	35.9%
新晋瞪羚企业	3.7	4.4	416	3151.5	8.0%	10.0%	1852.2	31.0%

（二）新晋瞪羚企业规模小增速快

新晋瞪羚企业主要分布在中关村、上海张江、深圳、苏州工业园区。三成新晋瞪羚企业分布在中关村（382家，23.3%）和上海张江（143家，8.7%），深圳80家，苏州工业园区70家，其他分布较多的高新区有广州、武汉东湖、西安、成都、杭州、长沙、南京等（表2-6）。

表2-6 新晋瞪羚企业高新区分布（前20）

高新区	新晋瞪羚企业数量（家）	占比
中关村	382	23.3%
上海张江	143	8.7%
深圳	80	4.9%
苏州工业园区	70	4.3%
广州	58	3.5%
武汉东湖	58	3.5%
西安	45	2.7%
成都	42	2.6%
杭州	35	2.1%
长沙	34	2.1%
南京	30	1.8%
无锡	25	1.5%
厦门	25	1.5%
济南	25	1.5%
佛山	23	1.4%
合肥	23	1.4%
苏州	22	1.3%
天津	21	1.3%
郑州	20	1.2%
珠海	18	1.1%

近九成新晋瞪羚企业注册时间在6年以上。新晋瞪羚企业的成立时间分布与瞪羚企业群体基本保持一致，共有1403家新晋瞪羚企业注册时间在2013年之前，占新晋瞪羚企业群体的85.7%，表明近九成新晋瞪羚企业注册时间在6年以上（图2-6）。

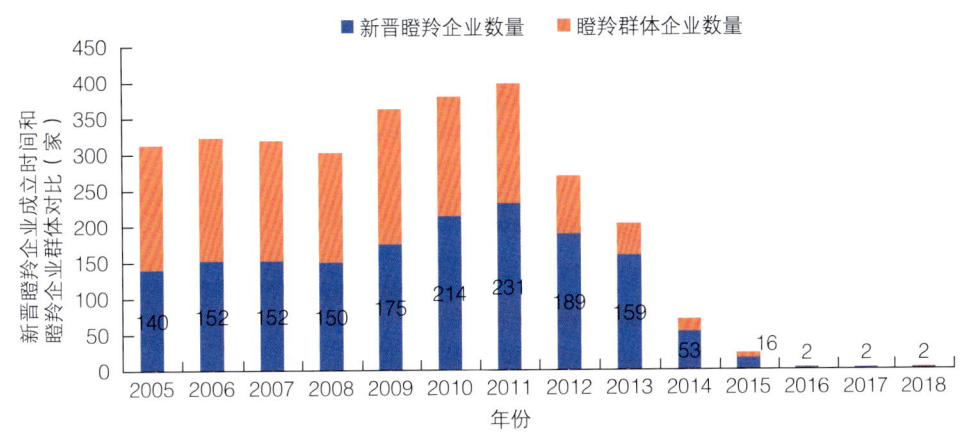

图2-6 2005—2018年新晋瞪羚企业注册时间分布

相比瞪羚企业群体，新晋瞪羚企业规模更小，增速更高。从规模来看，新晋瞪羚企业的营业收入平均值为1.8亿元，低于2018年瞪羚企业群体的4.7亿元。从分布来看，营业收入低于5000万元的企业数量最多，为514家，占新晋瞪羚企业数的31.4%。营业收入在1亿元规模以下的新晋瞪羚企业共有943家，占57.6%。同时，新晋瞪羚企业的从业人员数、工业总产值、年末资产平均值也低于2018年瞪羚企业群体平均值。但在营业收入三年复合增长率上，新晋瞪羚企业比瞪羚企业群体更高，为39.4%（表2-7、图2-7）。

表2-7 新晋瞪羚企业与瞪羚企业群体经济表现对比

2018年经济指标	新晋瞪羚企业均值	瞪羚企业群体均值	倍数
工业总产值平均值（亿元）	1.1	2.5	0.4
年末资产平均值（亿元）	2.7	9.7	0.3
营业收入平均值（亿元）	1.8	4.7	0.4
营业收入三年复合增长率	39.4%	37.1%	1.1
年末从业人员平均值（人）	207	359	0.6

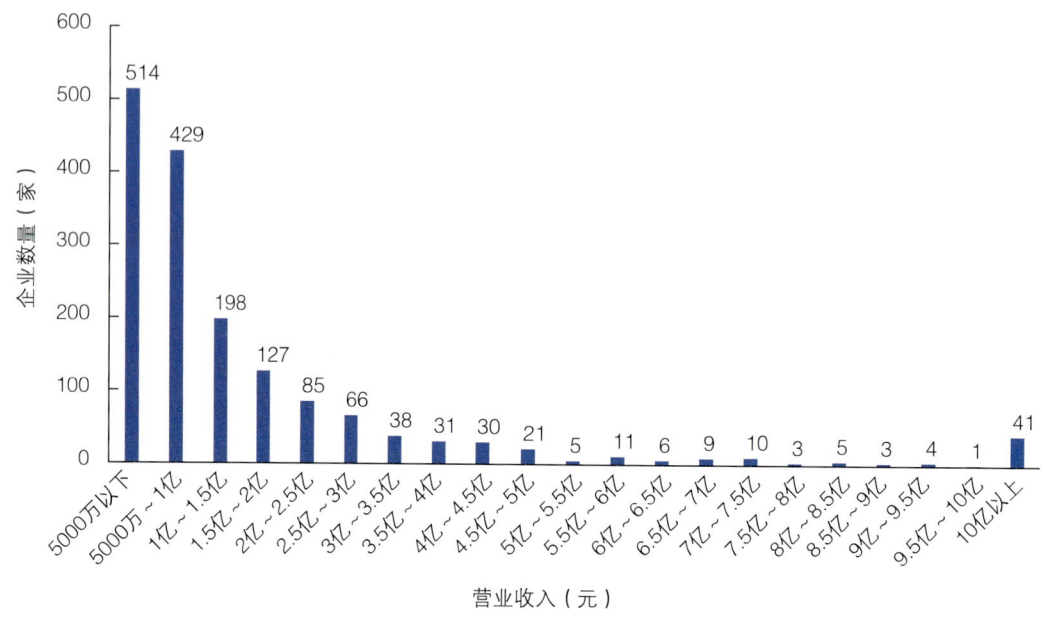

图2-7 2018年新晋瞪羚企业营业收入分布

（三）新晋瞪羚企业在新兴软件和新型信息技术服务领域占比更高[①]

按照一级行业分类划分，相比瞪羚企业群体，新晋瞪羚企业更多分布在科学研究和技术服务业。新晋瞪羚企业的行业分布与瞪羚企业群体基本保持一致，主要集中在制造业，信息传输、软件和信息技术服务业，科学研究和技术服务业三大行业门类。其中，科学研究和技术服务业企业占比略高于瞪羚企业群体，制造业，信息传输、软件和信息技术服务业中企业占比略低于瞪羚企业群体。从二级行业大类来看，通用设备制造业企业占比略高于瞪羚企业群体（表2-8）。

表2-8 新晋瞪羚企业一级行业门类分布

单位：家

行业门类	新晋瞪羚企业	新晋瞪羚企业占比	瞪羚企业群体	瞪羚企业群体占比
制造业	795	48.6%	1446	48.7%
信息传输、软件和信息技术服务业	522	31.9%	982	33.1%
科学研究和技术服务业	191	11.7%	320	10.8%

[①] 与瞪羚企业群体相比。

按照战略性新兴产业中类划分，相比瞪羚企业群体，新晋瞪羚企业更多分布在智能制造装备产业。新晋瞪羚企业在战略性新兴产业分布方面与瞪羚企业群体基本保持一致，主要集中在新一代信息技术产业、高端装备制造产业两大类。从产业中类来看，高端装备制造产业（13.3%）中大部分为智能制造装备产业（9.2%），且其占比略高于瞪羚企业群体（8.6%）；先进环保产业企业占比（2.4%）也略高于瞪羚企业群体（1.9%），具体如表2-9、表2-10所示。

表2-9 新晋瞪羚企业战略性新兴产业大类分布

单位：家

战略性新兴产业大类	新晋瞪羚企业	新晋瞪羚企业占比	瞪羚企业群体	瞪羚企业群体占比
新一代信息技术产业	670	40.9%	1277	43.0%
高端装备制造产业	217	13.3%	375	12.6%
生物产业	148	9.0%	267	9.0%
新材料产业	127	7.8%	207	7.0%
节能环保产业	86	5.3%	128	4.3%
新能源汽车产业	57	3.5%	116	3.9%
新能源产业	36	2.2%	70	2.4%
数字创意产业	21	1.3%	48	1.6%
相关服务业	13	0.8%	28	0.9%

表2-10 新晋瞪羚企业战略性新兴产业中类分布（前十大行业分布）

单位：家

战略性新兴产业中类	新晋瞪羚企业	新晋瞪羚企业占比	瞪羚企业群体	瞪羚企业群体占比
新兴软件和新型信息技术服务	403	24.6%	764	25.7%
智能制造装备产业	150	9.2%	254	8.6%
电子核心产业	123	7.5%	244	8.2%
下一代信息网络产业	85	5.2%	155	5.2%
生物医药产业	68	4.2%	132	4.4%
互联网与云计算、大数据服务	48	2.9%	97	3.3%
海洋工程装备产业	42	2.6%	72	2.4%
先进环保产业	40	2.4%	55	1.9%

续表

战略性新兴产业中类	新晋瞪羚企业	新晋瞪羚企业占比	瞪羚企业群体	瞪羚企业群体占比
高效节能产业	40	2.4%	65	2.2%
新能源汽车装置、配件制造	33	2.0%	66	2.2%

新晋瞪羚企业名称的关键词是信息、电子、环保、生物、智能、设备、材料和软件。对1637家新晋瞪羚企业名称进行分词分析，出现频率前十的关键词为科技、技术、信息、电子、环境、生物、智能、设备、材料和软件；相对瞪羚企业群体，新晋瞪羚企业名称关键词中出现频率更高的为生物、设备、医疗、环境、服务、检测、装备、节能、新能源、医药、数据、医学和器械（图2-8）。

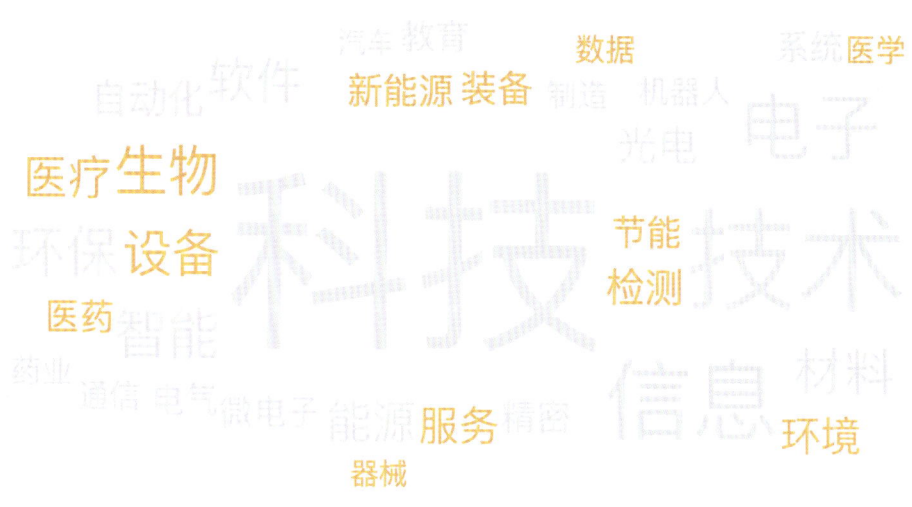

图2-8　2018年新晋瞪羚企业名称关键词

国家高新区瞪羚企业发展报告2019

第三章 国家高新区瞪羚企业行业及领域分析

一、瞪羚企业行业分布广泛

瞪羚企业分布在16个行业门类，63个行业大类，在国家规定的97个行业大类中占比高达64.9%，发展较为多元化。此外，66.2%的瞪羚企业分布于高技术产业，其经济表现优于高新区入统企业平均水平，将继续引领高新区高技术产业创新发展。

瞪羚企业主要集中在制造业和信息服务等行业门类。其中，制造业的瞪羚企业数量最多，达到1446家，占总数的48.7%；信息传输、软件和信息技术服务业的瞪羚企业数量为982家，占总数的33.1%；科学研究和技术服务业的瞪羚企业数量为320家，占总数的10.8%（表3-1）。

表3-1 国家高新区瞪羚企业一级行业门类分布

单位：家

行业门类	瞪羚企业数量	占比
制造业	1446	48.7%
信息传输、软件和信息技术服务业	982	33.1%
科学研究和技术服务业	320	10.8%
批发和零售业	59	2.0%
水利、环境和公共设施管理业	34	1.1%
建筑业	26	0.9%
租赁和商务服务业	24	0.8%

续表

行业门类	瞪羚企业数量	占比
金融业	17	0.6%
电力、热力、燃气及水生产和供应业	16	0.5%
教育	12	0.4%
卫生和社会工作	10	0.3%
居民服务、修理和其他服务业	5	0.2%
文化、体育和娱乐业	5	0.2%
农、林、牧、渔业	5	0.2%
交通运输、仓储和邮政业	4	0.1%
采矿业	3	0.1%

瞪羚企业所处行业大类共63个。在这63个行业大类中，瞪羚企业数量位居前三的行业分别是软件和信息技术服务业，计算机、通信和其他电子设备制造业，专用设备制造业；拥有50家以上瞪羚企业的行业有14个，拥有20家以上瞪羚企业的行业有22个，有28个行业的瞪羚企业数量在10家及以上（表3-2）。

表3-2 国家高新区瞪羚企业二级行业大类分布（前20）

单位：家

行业大类	瞪羚企业数量	占比
软件和信息技术服务业	843	28.4%
计算机、通信和其他电子设备制造业	314	10.6%
专用设备制造业	239	8.1%
电气机械和器材制造业	158	5.3%
通用设备制造业	155	5.2%
科技推广和应用服务业	131	4.4%
仪器仪表制造业	129	4.3%
专业技术服务业	128	4.3%
互联网和相关服务	126	4.2%

续表

行业大类	瞪羚企业数量	占比
医药制造业	95	3.2%
化学原料和化学制品制造业	88	3.0%
汽车制造业	61	2.1%
研究和试验发展	61	2.1%
批发业	50	1.7%
生态保护和环境治理业	31	1.0%
金属制品业	30	1.0%
橡胶和塑料制品业	28	0.9%
非金属矿物制品业	26	0.9%
其他制造业	25	0.8%
有色金属冶炼和压延加工业	24	0.8%
其他	226	7.6%

瞪羚企业主要集中在先进制造业和互联网与现代信息技术服务业等新产业新业态新商业模式（简称"三新"行业）。根据国家统计局有关分类，88.7%国家高新区瞪羚企业分布在9个"三新"行业分类[①]大类：其中先进制造业的瞪羚企业数量最多，达到1286家，占总数的43.3%；互联网与现代信息技术服务的瞪羚企业数量为919家，占总数的31.0%；现代技术服务与创新创业服务的瞪羚企业数量为217家，占总数的7.3%（表3-3）。

表3-3 国家高新区瞪羚企业"三新"行业分类大类分布

单位：家

"三新"大类	企业数量	占比
先进制造业	1286	43.3%
互联网与现代信息技术服务	919	31.0%

---

① 以国家统计局《新产业新业态新商业模式统计分类（2018）》为标准，根据瞪羚企业《国民经济行业分类》（GB/T 4754—2017）代码和主营业务范围，对瞪羚企业进行统计分类。

续表

"三新"大类	企业数量	占比
现代技术服务与创新创业服务	217	7.3%
节能环保活动	89	3.0%
现代农林牧渔业	45	1.5%
现代生产性服务活动	43	1.4%
新型生活性服务活动	17	0.6%
新型能源活动	15	0.5%
现代综合管理活动	3	0.1%
总计	2634	88.7%

瞪羚企业主要集中在新一代信息技术产业和高端装备制造产业等战略性新兴产业。根据国家统计局有关分类，84.8%的国家高新区瞪羚企业分布在9个战略性新兴产业[①]大类；其中新一代信息技术产业的瞪羚企业数量最多，达到1277家，占总数的43.0%；高端装备制造产业的瞪羚企业数量为375家，占总数的12.6%；生物产业的瞪羚企业数量为267家，占总数的9.0%（表3-4）。

表3-4 国家高新区瞪羚企业战略性新兴产业大类分布

单位：家

战略大类	企业数量	占比
新一代信息技术产业	1277	43.0%
高端装备制造产业	375	12.6%
生物产业	267	9.0%
新材料产业	207	7.0%
节能环保产业	128	4.3%
新能源汽车产业	116	3.9%
新能源产业	70	2.4%
数字创意产业	48	1.6%
相关服务业	28	0.9%
总计	2516	84.8%

---

① 以国家统计局《战略性新兴产业分类（2018）》为标准，根据瞪羚企业《国民经济行业分类》（GB/T 4754—2017）代码和主营业务范围，对瞪羚企业进行统计分类。

微型瞪羚企业主要分布在科学研究和技术服务业。在16个行业门类中，大型、中型瞪羚企业主要分布于制造业与信息传输、软件和信息技术服务业；小型瞪羚企业集中分布于制造业（表3-5）。

表3-5 大、中、小、微型瞪羚企业所属行业分析

单位：家

行业门类	大型	中型	小型	微型	总计
制造业	99	351	995	1	1446
信息传输、软件和信息技术服务业	211	491	279	1	982
科学研究和技术服务业	43	103	172	2	320
其他	36	106	78	0	220
总计	389	1051	1524	4	2968

二、九成以上瞪羚企业属于高新技术领域

五成瞪羚企业分布在电子信息领域。根据科技部火炬中心高新技术领域分类，高新技术领域瞪羚企业总计2698家，占瞪羚企业群体数量的90.9%。其中，分布于电子与信息领域的瞪羚企业最多，共1510家，占总体瞪羚企业数量的50.9%；其次依次分布在光机电一体化、生物与医药技术、新材料等领域，瞪羚企业数量分别为370家、233家、229家，占比分别为12.5%、7.9%、7.7%（表3-6）。

表3-6 高新技术领域瞪羚企业数量分布

单位：家

领域	企业数量	占总体瞪羚企业比例
电子与信息	1510	50.9%
光机电一体化	370	12.5%
生物与医药技术	233	7.9%
新材料	229	7.7%
新能源与高效节能	198	6.7%
环境保护	138	4.6%
航空航天	20	0.7%
总计	2698	90.9%

新能源与高效节能领域瞪羚企业平均营业收入规模最大。高新技术领域瞪羚企业平均营业收入为4.3亿元，其中，新能源与高效节能、电子与信息、航空航天领域的平均营业收入规模较大，分别为7.1亿元、5.9亿元和5.8亿元，均高于整体瞪羚企业平均水平（表3-7）。

航空航天领域瞪羚企业平均净利润最高。高新技术领域瞪羚企业平均净利润为5334.0万元，其中，航空航天、电子与信息、生物与医药技术领域的平均净利润较高，分别为12 293.5万元、8313.4万元和3859.4万元（表3-7）。

航空航天领域瞪羚企业平均期末从业人数最多。高新技术领域瞪羚企业平均期末从业人数为319人，其中，航空航天、电子与信息、新能源与高效节能的平均期末从业人数较多，分别为507人、439人和363人（表3-7）。

表3-7 高新技术领域瞪羚企业平均规模

领域	平均营业收入（亿元）	平均净利润（万元）	平均期末从业人数（人）
电子与信息	5.9	8313.4	439
生物与医药技术	1.9	3859.4	207
新材料	5.3	3750.9	324
光机电一体化	2.7	3296.2	248
新能源与高效节能	7.1	3797.2	363
环境保护	1.6	2027.2	143
航空航天	5.8	12 293.5	507
总体平均值	4.3	5334.0	319

光机电一体化领域瞪羚企业平均科技活动投入强度最高。高新技术领域瞪羚企业平均科技活动投入强度为9.8%，其中，光机电一体化、电子与信息、航空航天领域的瞪羚企业平均科技活动投入强度较高，分别为15.8%、13.8%和10.7%（表3-8）。

表3-8 高新技术领域瞪羚企业平均科技活动投入强度

领域	平均科技活动投入强度
光机电一体化	15.8%

续表

领域	平均科技活动投入强度
电子与信息	13.8%
航空航天	10.7%
生物与医药技术	9.0%
新能源与高效节能	6.6%
环境保护	6.5%
新材料	6.3%
总体平均值	9.8%

新能源与高效节能领域瞪羚企业每万名R&D人员专利授权数最多。高新技术领域瞪羚企业每万名R&D人员专利授权数平均为2221件，其中，新能源与高效节能、航空航天、环境保护领域每万名R&D人员专利授权数较高，分别为3713件、3099件和2358件（表3-9）。

航空航天领域瞪羚企业每百家企业商标拥有量最多。高新技术领域瞪羚企业每百家企业商标拥有量平均为1881件，其中，航空航天、电子与信息、光机电一体化领域每百家企业商标拥有量较高，分别为5990件、2176件和1665件。

表3-9 高新技术领域瞪羚企业研发活动产出水平

单位：件

领域	每万名R&D人员专利授权数	每百家企业商标拥有量
电子与信息	1183	2176
生物与医药技术	785	1159
新材料	2084	662
光机电一体化	2326	1665
新能源与高效节能	3713	1028
环境保护	2358	486
航空航天	3099	5990
总体平均值	2221	1881

三、三分之二以上的瞪羚企业集中分布于高技术产业

2968家瞪羚企业中有1998家从事高技术产业[①],占瞪羚企业总数的67.3%。高技术产业中,高技术制造业瞪羚企业有683家,高技术服务业瞪羚企业有1315家,分别占瞪羚企业总数的23.0%和44.3%。其中,信息服务业瞪羚企业最多,共968家,占瞪羚企业总数的32.6%(表3-10)。

表3-10 瞪羚企业在高技术产业的分布

单位:家

高技术产业	瞪羚企业数	占比
高技术制造业总计	683	23.0%
电子及通信设备制造业	329	11.1%
医疗仪器设备及仪器仪表制造业	209	7.0%
医药制造业	95	3.2%
计算机及办公设备制造业	35	1.2%
航空、航天器及设备制造业	10	0.3%
信息化学品制造业	5	0.2%
高技术服务业总计	1315	44.3%
信息服务	968	32.6%
科技成果转化服务	130	4.4%
研发与设计服务	75	2.5%
检验检测服务	42	1.4%
环境监测及治理服务	36	1.2%
专业技术服务业的高技术服务	34	1.1%
电子商务服务	29	1.0%
知识产权及相关法律服务	1	0.0%
高技术产业总计	1998	67.3%

高技术产业瞪羚企业引领发展。高技术制造业中,683家瞪羚企业的营业收入、平均净利润率和从业人员数分别是高新区企业平均水平的1.3倍、1.5倍和1.9倍;高技术服务业中,1315家瞪羚企业的营业收入、平均净利润率和从业人员数分别是高新区企业平均水平的4.7倍、1.2倍和4.1倍,高技术产业中瞪羚企业经济表现优于高新区入统企业(表3-11)。

---

① 根据国家统计局高技术产业的行业标准进行分类。

表3-11 高技术产业中瞪羚企业与高新区企业经济指标均值对比

高技术行业	企业数（家）			营业收入平均值（万元）			平均净利润率			从业人员数平均值（人）			净利润平均值（万元）		
	瞪羚企业	高新区企业	占比	瞪羚企业	高新区企业	对比	瞪羚企业	高新区企业	对比	瞪羚企业	高新区企业	对比	瞪羚企业	高新区企业	对比
高技术制造业总计	683	15 499	4.4%	56 353.6	42 954.2	1.3	10.1%	6.8%	1.5	546	296	1.9	4982.6	2920.1	1.7
医药制造业	95	2526	3.8%	25 041.5	36 572.8	0.7	15.6%	13.1%	1.2	254	294	0.9	5899.1	4775.9	1.2
航空、航天器及设备制造业	10	392	2.6%	35 390.2	48 114.6	0.7	12.0%	6.5%	1.8	671	587	1.1	4045.7	3147.9	1.3
电子及通信设备制造业	329	6752	4.9%	91 466.3	60 245.7	1.5	7.7%	5.4%	1.4	778	389	2.0	6438.7	3256.4	2.0
计算机及办公设备制造业	35	916	3.8%	57 086.5	101 408.6	0.6	6.7%	4.4%	1.5	460	532	0.9	3131.6	4465.6	0.7
医疗仪器设备及仪器仪表制造业	209	4856	4.3%	14 961.0	10 875.2	1.4	15.8%	11.0%	1.4	213	108	2.0	2727.9	1198.7	2.3
信息化学品制造业	5	57	8.8%	107 873.0	35 498.6	3.0	3.1%	3.1%	1.0	789	370	2.1	834.4	1094.2	0.8
高技术服务业总计	1315	44 457	3.0%	47 394.6	10 175.1	4.7	11.4%	9.4%	1.2	406	100	4.1	8450.6	951.8	8.9
信息服务	968	30 518	3.2%	55 937.3	10 350.8	5.4	9.2%	10.8%	0.9	469	112	4.2	10 559.6	1113.0	9.5
电子商务服务	29	75	38.7%	117 340.6	60 588.1	1.9	11.7%	7.9%	1.5	473	312	1.5	11 320.4	4771.1	2.4
检验检测服务	42	951	4.4%	7847.4	4930.7	1.6	10.6%	16.8%	0.6	162	145	1.1	922.7	829.5	1.1
专业技术服务业的高技术服务	34	1659	2.1%	55 474.4	41 260.2	1.3	9.9%	7.5%	1.3	372	275	1.4	3085.2	3104.0	1.0
研发与设计服务	75	3629	2.1%	13 522.3	8033.1	1.7	14.0%	3.0%	4.7	260	107	2.4	1990.3	237.7	8.4
科技成果转化服务	130	6424	2.0%	14 596.5	3373.2	4.3	9.5%	2.2%	4.4	158	34	4.7	1619.1	73.0	22.2
知识产权及相关法律服务	1	229	0.4%	37 709.0	3348.1	11.3	13.9%	10.0%	1.4	0	68	0.0	5258.5	335.5	15.7
环境监测及治理服务	36	972	3.7%	16 418.0	7406.8	2.2	12.0%	8.9%	1.4	111	69	1.6	1832.1	658.1	2.8

四、软件信息和技术服务业瞪羚企业占比提升

（一）瞪羚企业中制造业企业占比逐年降低

制造业企业在瞪羚企业群体中的占比下降。由2013—2018年瞪羚企业行业分布可见，瞪羚企业群体中制造业企业的比例由2014年的62.9%逐步下降至48.7%，降低14个百分点。2018年，制造业中的瞪羚企业主要分布在计算机、通信和其他电子设备制造业（0.6%），专用设备制造业（8.1%），电气机械和器材制造业（5.3%），通用设备制造业（5.2%），仪器仪表制造业（3.8%），化学原料和化学制品制造业（4.2%）。其中，化学原料和化学制品制造业呈整体上升趋势，由2013年的2.3%上升至4.2%，其他制造业多呈现波动或下降趋势：计算机、通信和其他电子设备制造业2013—2016年占比上升，2017年开始下降；专用设备制造业前5年下降，2018年开始上升；电气机械和器材制造业、仪器仪表制造业有所下降；通用设备制造业占比较稳定，2018年有所上升（图3-1、图3-2）。

信息传输、软件和信息技术服务业企业在瞪羚企业群体中的占比提升。由2013—2018年瞪羚企业行业分布可见，信息传输、软件和信息技术服务业由2014年的23.5%逐步上升至2018年的33.1%，提升9个百分点。信息传输、软件和信息技术服务业中的瞪羚企业集中分布在软件和信息技术服务业，平均占瞪羚企业群体的25.2%；互联网和相关服务中的瞪羚企业平均占比3.0%。其中，信息传输、软件和信息技术服务业中，软件和信息技术服务业的瞪羚企业占比近五期逐年上升，互联网和相关服务占比保持在3%左右。

科学研究和技术服务业企业在瞪羚企业群体中的占比提升。由2013—2018年瞪羚企业行业分布可见，科学研究和技术服务业由2014年的5.3%上升至10.8%，占比增加一倍。科学研究和技术服务业中的瞪羚企业主要分布在科技推广和应用服务业（4.3%）和专业技术服务业（4.4%）中。其中，科技推广和应用服务业、专业技术服务业的占比有所提升。

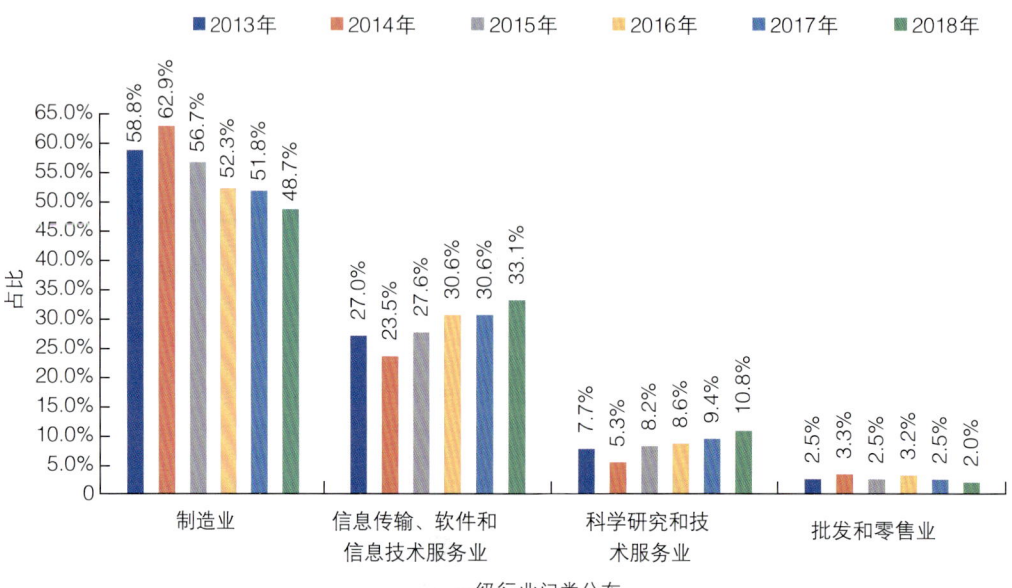

图3-1 连续6年瞪羚报告中瞪羚企业一级行业门类分布

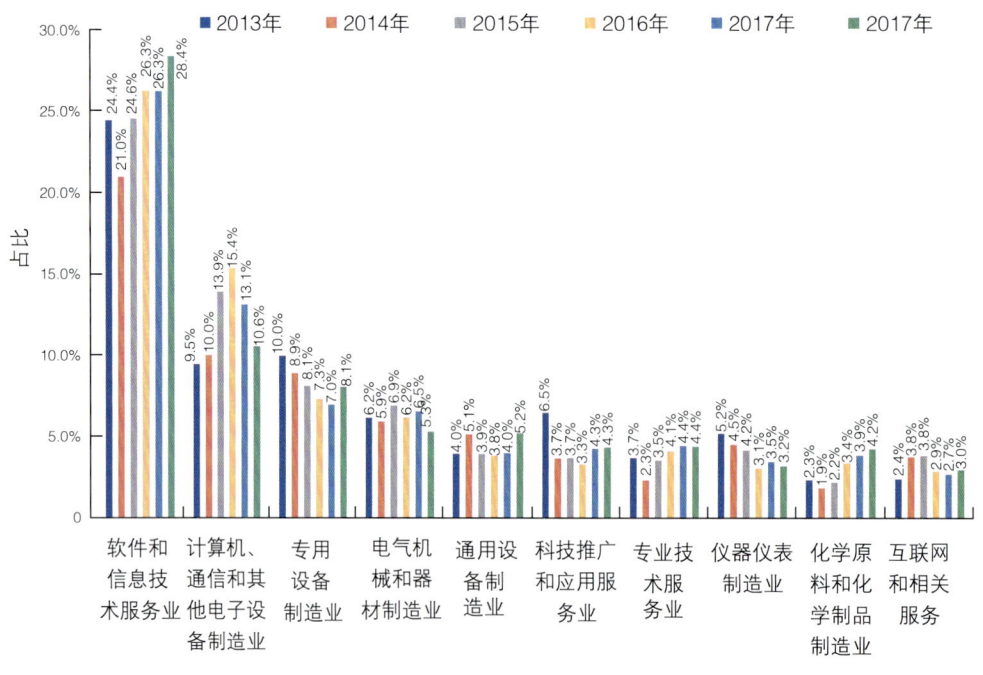

图3-2 连续6年瞪羚报告中瞪羚企业二级行业大类分布

（二）高技术服务业在瞪羚企业中的占比逐年增加

高技术产业企业占比逐年增加。2015年瞪羚企业群体中，高技术产业企业仅占43.3%，2018年上升至67.3%，增加24个百分点。其中，高技术制造业企业占比由18.3%上升至23.0%，增加将近5个百分点；高技术服务业企业占比由25.0%上升至44.3%，增加19个百分点，占比提升明显（图3-3）。

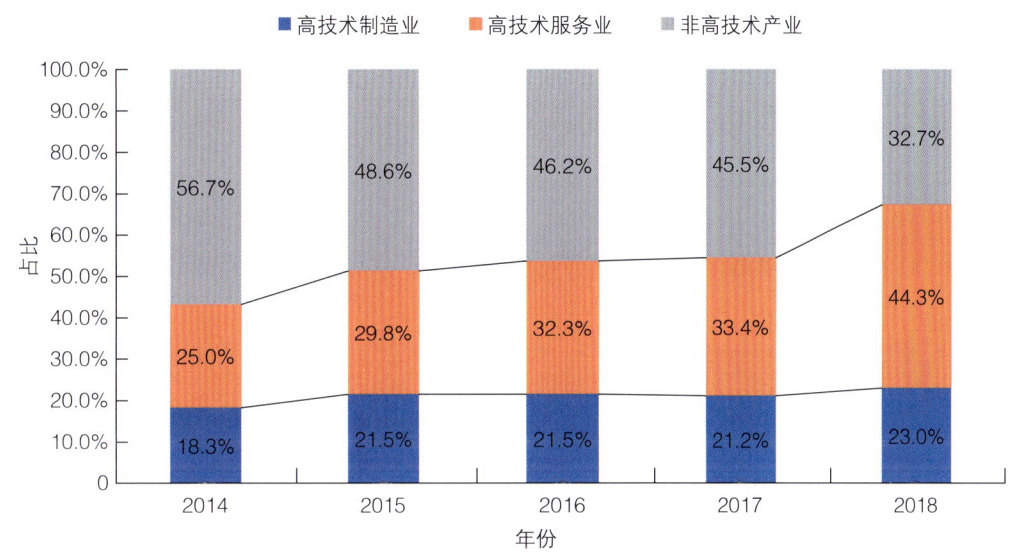

图3-3　连续6年瞪羚报告中瞪羚企业高技术产业分布趋势

高技术制造业中，医疗仪器设备及仪器仪表制造业占比呈上升趋势。从2014—2018年高技术制造业企业占瞪羚企业群体比例来看，大部分行业呈下降趋势，只有医疗仪器设备及仪器仪表制造业呈上升趋势（图3-4）。

高技术服务业中，大部分细分行业呈上升趋势。从2014—2018年高技术服务业企业占瞪羚企业群体比例来看，大部分行业呈上升趋势。其中，信息服务行业企业占比从2014年的19.4%上升至32.6%，增长显著（图3-5）。

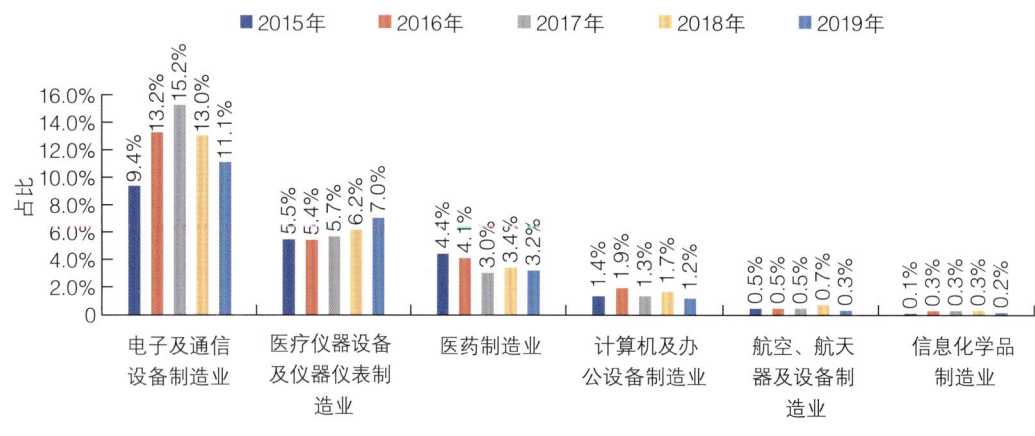

图3-4 连续6年瞪羚报告中瞪羚企业高技术制造业分布趋势

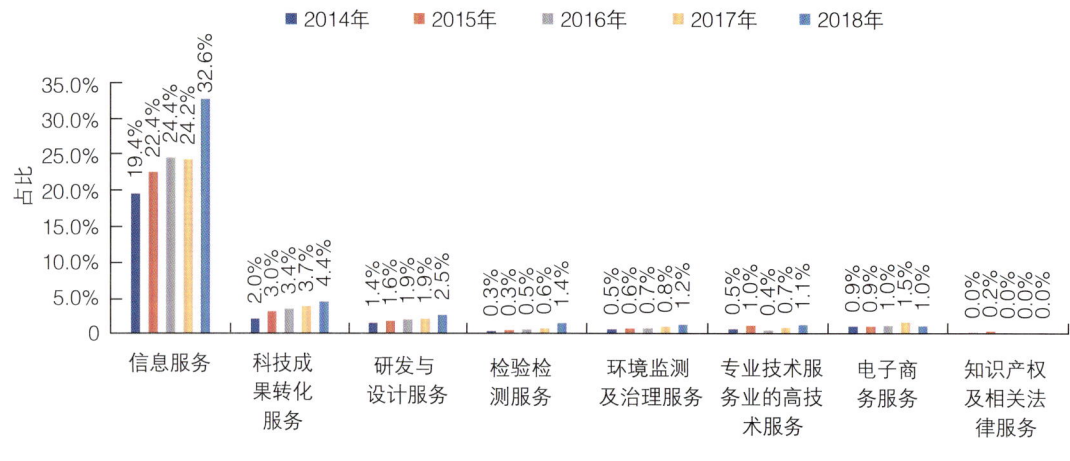

图3-5 连续6年瞪羚报告中瞪羚企业高技术服务业分布趋势

国家高新区瞪羚企业发展报告2019

第四章

不同类别国家高新区的瞪羚企业表现

一、瞪羚企业分布于142个国家高新区

2018年,有10个高新区首次出现瞪羚企业(表4-1),拥有瞪羚企业的国家高新区由139个上升到142个,占国家高新区总数的84.0%[①],瞪羚企业数量在20家以上的国家高新区有28个。

表4-1 首次出现瞪羚企业的10家高新区分布

高新区	瞪羚企业数量(家)
荣昌	4
宜春	2
德州	2
黄石	2
永川	2
怀化	2
九江	2
内江	2
潜江	1
阜新	1

---

① 截至2018年年底,国家高新区总数为169个。

瞪羚企业数量前十的高新区共拥有瞪羚企业1767家，占国家高新区瞪羚企业总数的59.5%。其中，中关村拥有瞪羚企业709家，占国家高新区瞪羚企业总数的23.9%，新晋瞪羚企业382家；上海张江拥有瞪羚企业289家，占国家高新区瞪羚企业总数的9.7%，新晋瞪羚企业143家；深圳高新区拥有瞪羚企业146家，广州高新区拥有瞪羚企业124家，分别占国家高新区瞪羚企业总数的4.9%和4.2%（表4-2）。

表4-2 2018年瞪羚企业数量在20家以上的国家高新区名单

序号	高新区	瞪羚企业数量（家）	新晋瞪羚企业数量（家）
1	中关村	709	382
2	上海张江	289	143
3	深圳	146	80
4	广州	124	58
5	苏州工业园区	117	70
6	武汉东湖	108	58
7	杭州	83	35
8	西安	69	45
9	成都	65	42
10	厦门	57	25
11	长沙	55	34
12	南京	48	30
13	合肥	47	23
14	苏州	44	22
15	无锡	43	25
16	天津	41	21
17	济南	38	25
18	佛山	34	23
19	珠海	33	18
20	郑州	32	20
21	青岛	31	14
22	宁波	31	17
23	昆山	30	14

续表

序号	高新区	瞪羚企业数量（家）	新晋瞪羚企业数量（家）
24	东莞	28	15
25	重庆	25	11
26	常州	23	15
27	中山	23	15
28	惠州	20	9

2018年，2968家瞪羚企业分布于142个国家高新区。其中，1757家分布于10个"世界一流高科技园区"[①]，464家分布于17个"创新型科技园区"[②]，316家分布于27个"创新型特色园区"[③]，其余431家分布于88个其他园区。

世界一流高科技园区成为瞪羚企业培育的沃土。三类园区及其他园区中，世界一流高科技园区的瞪羚企业数量最多，占瞪羚企业总数的比例为59.2%，其次是创新型科技园区，占比为15.6%，创新型特色园区和其他园区占比分别为10.6%、14.5%（图4-1）。

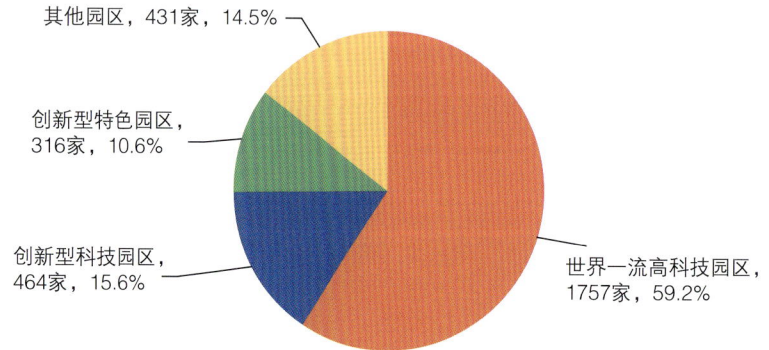

图4-1 2018年三类园区及其他园区瞪羚企业数量分布

---

① 按照科技部火炬高技术产业开发中心对园区的分类，建设世界一流高科技园区的高新区，截至2018年年底，共10个。

② 按照科技部火炬高技术产业开发中心对园区的分类，建设创新型科技园区的高新区，截至2018年年底，全国共有18个创新型科技园区，其中17家拥有瞪羚企业，大庆高新区无瞪羚企业。

③ 按照科技部火炬高技术产业开发中心对园区的分类，建设创新型特色园区的高新区，截至2018年年底，共28个，其中27个拥有瞪羚企业，安阳高新区无瞪羚企业。

二、世界一流高科技园区的瞪羚企业共有1757家

世界一流高科技园区共有瞪羚企业1757家。其中，中关村新晋瞪羚企业709家，上海张江289家，深圳146家，广州124家，苏州工业园区117家，武汉东湖108家，杭州83家，西安69家，成都65家，合肥47家（表4-3）。

表4-3　世界一流高科技园区新晋瞪羚企业数量

序号	世界一流高科技园区	新晋瞪羚企业数量（家）
1	中关村	709
2	上海张江	289
3	深圳	146
4	广州	124
5	苏州工业园区	117
6	武汉东湖	108
7	杭州	83
8	西安	69
9	成都	65
10	合肥	47
总计		1757

全国10家世界一流高科技园区的瞪羚企业在2018年平均营业收入、平均总资产、平均从业人员数量等经济指标的情况如表4-4所示。

表4-4　世界一流高科技园区瞪羚企业经济指标分析

世界一流高科技园区	平均营业收入（亿元）	平均总资产（亿元）	平均从业人员（人）	平均出口总额（万元）	科技活动投入强度	净利润率	平均实际上缴税费（万元）	科技活动人员占比
合肥	13.7	21.4	721	42 590.4	8.5%	11.4%	7880.8	42.0%
杭州	8.3	12.9	531	1548.5	27.9%	13.2%	8510.3	51.5%
深圳	7.3	62.5	366	5120.3	10.8%	12.7%	4394.4	44.8%
成都	6.5	15.9	402	1119.4	11.6%	12.5%	7790.5	48.1%
中关村	5.2	9.4	376	792.6	13.7%	9.1%	3080.0	47.5%
广州	4.5	3.7	285	3043.7	15.1%	6.7%	2086.5	43.2%

续表

世界一流高科技园区	平均营业收入（亿元）	平均总资产（亿元）	平均从业人员（人）	平均出口总额（万元）	科技活动投入强度	净利润率	平均实际上缴税费（万元）	科技活动人员占比
武汉东湖	4.4	7.4	483	10 289.6	9.6%	13.7%	2431.8	40.3%
上海张江	3.3	6.0	236	3331.1	9.9%	11.5%	1833.3	46.0%
苏州工业园区	2.4	2.9	148	5595.4	12.1%	12.4%	1333.5	50.7%
西安	2.2	2.0	351	1366.7	15.9%	10.0%	1394.8	42.5%
瞪羚整体	4.7	9.7	359	4711.9	11.1%	10.1%	2844.3	40.3%

三、创新型科技园区的瞪羚企业共有464家

创新型科技园区共有瞪羚企业464家，占瞪羚企业总数的15.6%。其中，厦门高新区瞪羚企业数量最多，共57家，长沙、苏州、无锡、天津高新区瞪羚企业数量均超过40家。各园区瞪羚企业数量分布如表4-5所示。

表4-5 创新型科技园区瞪羚企业数量

序号	创新型科技园区	瞪羚企业数量（家）
1	厦门	57
2	长沙	55
3	苏州	44
4	无锡	43
5	天津	41
6	济南	38
7	郑州	32
8	宁波	31
9	青岛	31
10	常州	23
11	中山	23
12	潍坊	12
13	长春	10

续表

序号	创新型科技园区	瞪羚企业数量（家）
14	威海	8
15	淄博	7
16	洛阳	7
17	宝鸡	2
	总计	464

全国17家创新型科技园区的瞪羚企业在2018年平均营业收入、平均总资产、平均从业人员数量等经济指标的情况如表4-6所示。

表4-6 创新型科技园区瞪羚企业经济指标分析

创新型科技园区	平均营业收入（亿元）	平均总资产（亿元）	平均从业人员（人）	平均出口总额（万元）	科技活动投入强度	净利润率	平均实际上缴税费（万元）	科技活动人员占比
宝鸡	11.5	17.1	1894	3059.2	6.5%	1.3%	2133.6	13.9%
宁波	9.5	9.0	395	13 328.5	9.6%	8.4%	2986.2	28.6%
天津	5.7	10.6	235	2643.6	13.7%	9.1%	2188.4	39.8%
厦门	4.8	7.2	483	8016.6	9.7%	14.1%	1889.7	43.6%
威海	4.3	5.2	598	0	8.0%	-0.7%	4461.5	31.2%
无锡	3.8	3.7	296	14 148.1	9.6%	11.5%	1313.9	32.0%
常州	3.5	4.3	362	9628.4	8.7%	10.5%	1227.5	28.3%
苏州	3.0	4.2	302	6494.5	9.8%	11.0%	1601.7	39.1%
青岛	2.5	3.7	182	624.3	6.1%	11.7%	1962.5	35.8%
洛阳	2.4	8.4	475	4259.4	8.9%	2.2%	442.1	22.6%
中山	1.9	2.2	231	1434.3	11.6%	4.0%	1022.6	31.7%
长沙	1.6	1.9	220	206.8	8.7%	12.8%	888.8	31.9%
潍坊	1.6	1.9	173	944.6	5.0%	10.1%	537.9	24.0%
济南	1.5	1.6	212	1525.7	8.0%	9.1%	732.5	39.1%
郑州	1.4	1.8	198	942.6	8.9%	14.4%	935.7	39.6%
淄博	1.3	2.1	132	382.8	5.8%	11.7%	709.6	36.0%
长春	0.9	1.4	133	505.2	9.5%	22.7%	701.7	42.5%
瞪羚整体	4.7	9.7	359	4711.9	11.1%	10.1%	2844.3	40.3%

四、创新型特色园区的瞪羚企业共有316家

创新型特色园区共有瞪羚企业316家，占瞪羚企业总数的10.6%。其中，南京高新区瞪羚企业数量最多，共48家，佛山34家，昆山30家，各园区瞪羚数量分布如表4-7所示。

表4-7 创新型特色园区瞪羚企业数量

序号	创新型特色园区	瞪羚企业数量（家）
1	南京江宁园[①]	48
2	佛山	34
3	昆山	30
4	惠州	20
5	大连	19
6	襄阳	17
7	武进	16
8	石家庄	15
9	株洲	13
10	南宁	9
11	宜昌	9
12	荆门	9
13	泰州	9
14	柳州	9
15	蚌埠	8
16	桂林	7
17	保定	7
18	江阴	7
19	昆明	5
20	江门	5
21	包头	5
22	常熟	5
23	烟台	3
24	安康	2
25	湘潭	2
26	乌鲁木齐	2
27	泸州	1
	总计	316

[①] 因江宁园区是南京高新区分园区，无单独数据，故使用南京高新区整体数据。

此类园区瞪羚企业在2018年平均营业收入、平均总资产、平均从业人员数量等经济指标的情况如表4-8所示。

表4-8 创新型特色园区瞪羚企业经济指标分析

创新型特色园区	平均营业收入（亿元）	平均总资产（亿元）	平均从业人员（人）	平均出口总额（万元）	科技活动投入强度	净利润率	平均实际上缴税费（万元）	科技活动人员占比
常熟	14.5	29.3	486	26 167.1	4.9%	2.5%	2391.3	21.7%
惠州	9.3	5.3	841	11 770.2	5.8%	3.0%	1464.3	17.2%
襄阳	8.2	4.5	447	757.4	4.4%	7.9%	3767.3	27.2%
昆山	6.6	5.9	353	6104.8	7.1%	7.7%	3443.0	40.6%
株洲	5.7	11.6	412	1846.3	7.1%	4.8%	872.3	23.3%
佛山	4.3	4.2	525	2903.3	6.3%	6.0%	1421.5	27.2%
蚌埠	4.3	7.9	357	343.9	5.6%	2.5%	610.8	21.5%
江阴	3.6	2.5	124	1339.6	11.5%	13.0%	1007.0	44.8%
安康	3.1	2.8	189	0	4.2%	11.4%	835.1	25.3%
武进	3.1	3.4	293	5909.3	6.0%	13.4%	2044.9	26.3%
包头	3	3.5	378	204.7	4.8%	9.2%	1053.5	16.8%
昆明	2.9	2.6	276	603.8	4.8%	8.1%	3169.0	18.7%
湘潭	2.8	0.1	50	1510.7	6.0%	0.7%	160.9	57.4%
乌鲁木齐	2.6	2.8	904	0	1.9%	7.6%	1172.2	12.9%
桂林	2.6	1.7	317	8307.7	6.1%	13.2%	2304.5	25.5%
柳州	2.2	2.4	420	578.1	8.7%	14.5%	850.1	25.2%
大连	2.1	2.7	365	1487.5	8.6%	7.4%	725.6	26.5%
南京	2.1	4.1	333	2910.7	12.3%	18.0%	1294.9	35.3%
泰州	1.8	3.1	284	143.3	12.8%	14.5%	2276.5	30.0%
保定	1.5	1.9	270	730.9	6.1%	7.1%	797.4	32.3%
江门	1.5	1.1	184	1415.5	4.8%	6.8%	703.6	16.2%
宜昌	1.5	2.1	244	2803.1	6.4%	7.3%	398.9	30.8%
南宁	1.1	1.5	155	28.3	3.4%	16.2%	586.6	28.1%
荆门	0.9	0.8	74	178.3	9.0%	12.7%	195.6	27.6%
烟台	0.9	1.5	86	0	6.2%	5.0%	365.9	36.6%
石家庄	0.9	1.0	165	66.9	9.4%	13.3%	706.9	31.4%

续表

创新型特色园区	平均营业收入（亿元）	平均总资产（亿元）	平均从业人员（人）	平均出口总额（万元）	科技活动投入强度	净利润率	平均实际上缴税费（万元）	科技活动人员占比
泸州	0.3	0.9	150	715.9	15.0%	21.1%	576.9	24.0%
瞪羚整体	4.7	9.7	359	4711.9	11.1%	10.1%	2844.3	40.3%

五、其他园区的瞪羚企业共有431家

全国拥有瞪羚企业的其他88个园区共有瞪羚企业431家。其中，珠海高新区瞪羚企业数量最多，共有33家，东莞松山湖28家，重庆25家。各园区瞪羚企业数量分布如表4-9所示。

表4-9 其他园区瞪羚企业数量分布

其他园区	瞪羚企业数量（家）	其他园区	瞪羚企业数量（家）	其他园区	瞪羚企业数量（家）
珠海	33	清远	4	临沂	2
东莞松山湖	28	肇庆	4	九江共青城	2
重庆	25	荣昌	4	营口	2
太原	17	石河子	4	新乡	2
福州	17	三明	4	德阳	2
芜湖	16	南阳	4	黄石大冶湖	2
哈尔滨	11	衢州	4	宿迁	2
南昌	11	盐城	3	北海	2
贵阳	10	璧山	3	淮安	1
萧山临江	9	龙岩	3	榆林	1
上海紫竹	9	海口	3	吉林	1
南通	9	咸宁	3	通化医药	1
新余	8	绍兴	3	枣庄	1
莫干山	8	鹰潭	3	铜陵狮子山	1
扬州	8	济宁	3	莱芜	1
沈阳	8	抚州	3	鞍山	1
温州	8	锦州	3	石嘴山	1
嘉兴秀洲	7	仙桃	3	渭南	1

续表

其他园区	瞪羚企业数量（家）	其他园区	瞪羚企业数量（家）	其他园区	瞪羚企业数量（家）
镇江	7	怀化	2	玉溪	1
益阳	7	燕郊	2	潜江	1
泰安	7	赣州	2	漳州	1
兰州	7	内江	2	景德镇	1
黄冈	6	宜春	2	本溪	1
马鞍山慈湖	5	随州	2	青海	1
长春净月	5	永川	2	阜新	1
连云港	5	德州	2	吉安	1
绵阳	5	徐州	2	咸阳	1
孝感	5	唐山	2	平顶山	1
泉州	5	鄂尔多斯	2		
郴州	4	白银	2		

六、国家自主创新示范区的瞪羚企业共有2591家

2018年，瞪羚企业中的2591家分布于20个国家自主创新示范区所在的高新区内，占瞪羚企业总数的87.3%。其余377家分布于89个非国家自主创新示范区所在的高新区，占瞪羚企业总数的12.7%（图4-2）。

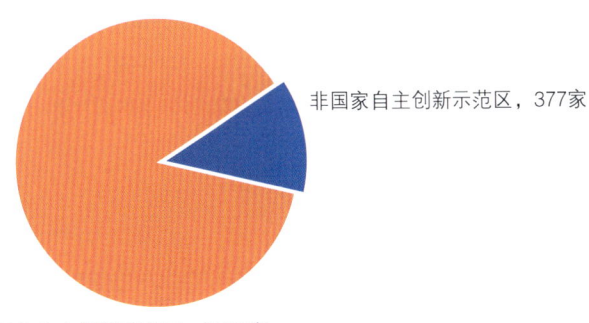

图4-2　2018年国家自主创新示范区瞪羚企业数量分布

国家自主创新示范区的瞪羚企业群体在2018年平均营业收入、平均总资产、平均从业人员数量等经济指标上的情况如表4-10所示。

表4-10 国家自主创新示范区内瞪羚企业经济指标分析

序号	2018年20个国家自主创新示范区	企业数量（家）	平均工业总产值（万元）	平均总资产（万元）	平均营业收入（万元）	营业收入三年复合增长率	平均技术收入（万元）	出口总额（万元）	净利润率	上缴税费（万元）	平均从业人员（人）	科技活动投入强度	科技活动人员占比
1	中关村国家自主创新示范区	709	3994	93 587	51 823	46.6%	34 434	793	13.6%	3080	376	15.4%	43.1%
2	武汉东湖国家自主创新示范区	108	18 974	74 438	44 085	38.1%	14 741	10 290	11.5%	2432	483	9.9%	43.1%
3	上海张江国家自主创新示范区	289	15 036	59 786	33 389	37.0%	7437	3331	12.5%	1833	236	6.7%	38.2%
4	苏南国家自主创新示范区	335	23 994	36 996	30 824	35.6%	2599	6568	9.5%	1568	253	7.3%	32.5%
5	天津国家自主创新示范区	41	42 495	106 019	57 449	14.7%	11 576	2644	10.7%	2188	235	5.3%	29.7%
6	长株潭国家自主创新示范区	70	21 064	36 129	24 034	34.1%	3064	549	8.7%	865	250	5.8%	28.8%
7	成都国家自主创新示范区	65	21 784	158 953	64 822	43.5%	20 339	1119	27.6%	7791	402	7.1%	32.8%
8	西安国家自主创新示范区	69	6599	20 054	21 471	48.5%	14 380	1367	7.5%	1395	351	31.7%	72.4%
9	杭州国家自主创新示范区	92	29 023	130 026	92 558	32.9%	56 903	1419	24.3%	8150	532	13.62%	51.2%
10	深圳国家自主创新示范区	146	22 091	624 840	73 434	51.1%	42 322	5120	19.7%	4394	366	6.5%	37.4%

续表

序号	2018年20个国家自主创新示范区	企业数量（家）	平均工业总产值（万元）	平均总资产（万元）	平均营业收入（万元）	营业收入三年复合增长率	平均技术收入（万元）	出口总额（万元）	净利润率	上缴税费（万元）	平均从业人员（人）	科技活动投入强度	科技活动人员占比
11	珠三角国家自主创新示范区	271	34 406	40 133	45 027	30.7%	3559	5574	7.9%	1862	402	5.2%	26.7%
12	山东半岛国家自主创新示范区	99	14 693	26 240	19 779	41.0%	1984	923	12.9%	1383	219	6.4%	31.5%
13	沈大国家自主创新示范区	27	9393	24 330	17 777	20.0%	2985	1836	0.3%	739	303	6.3%	20.3%
14	郑洛新国家自主创新示范区	41	13 294	31 537	16 980	28.0%	2076	1463	5.0%	902	257	7.7%	27.0%
15	合芜蚌国家自主创新示范区	71	132 124	198 424	128 624	18.5%	1237	29 607	7.8%	6964	748	4.0%	29.8%
16	福厦泉国家自主创新示范区	79	51 140	73 546	55 185	46.6%	4890	6902	10.0%	1851	457	5.2%	29.3%
17	重庆国家自主创新示范区	25	18 584	25 301	20 891	22.0%	1324	4233	6.9%	1392	452	8.1%	19.0%
18	兰白国家自主创新示范区	9	5674	25 652	10 916	29.9%	1508	157	2.9%	397	195	4.9%	34.6%
19	浙东南国家自主创新示范区	39	77 945	75 997	81 821	32.6%	126	10 908	6.4%	2669	365	3.8%	30.4%
20	乌昌石国家自主创新示范区	6	40 667	109 781	47 575	28.5%	7871	0	19.2%	5285	627	4.0%	17.0%

七、八成以上瞪羚企业分布于54个稳定期高新区[①]

瞪羚企业中2540家分布于54个稳定期高新区，占瞪羚企业总数的85.6%，仅428家分布于115个新升级高新区。其中，位于稳定期高新区的瞪羚企业的技术收入均值、净利润率、科技活动投入强度和科技活动人员占比等科技创新指标，优于新升级高新区（表4-11至表4-13）。

表4-11 稳定期高新区与新升级高新区瞪羚企业经济表现对比

指标	稳定期高新区	新升级高新区
企业数量（家）	2540	428
工业总产值均值（万元）	19 606	56 098
总资产均值（万元）	101 803	66 173
营业收入均值（万元）	45 981	55 642
营业收入三年复合增长率	37.2%	36.7%
技术收入均值（万元）	17 934	1259
净利润率	13.6%	7.8%
上缴税费均值（万元）	2745	3432
从业人员数均值（人）	353	394
科技活动投入强度	10.1%	4.5%
科技活动人员占比	38.0%	20.9%

表4-12 前20名稳定期高新区瞪羚企业数量

单位：家

序号	稳定期高新区20强	瞪羚企业数量	新晋瞪羚企业数量
1	中关村	709	382
2	上海张江	289	143
3	深圳	146	80
4	广州	124	58
5	苏州工业园	117	70
6	武汉	108	58

---

① 稳定期高新区：1997年年底前认定的老牌国家高新技术产业开发区和苏州工业园区。

续表

序号	稳定期高新区20强	瞪羚企业数量	新晋瞪羚企业数量
7	杭州	83	35
8	西安	69	45
9	成都	65	42
10	厦门	57	25
11	长沙	55	34
12	南京	48	30
13	合肥	47	23
14	苏州	44	22
15	无锡	43	25
16	天津	41	21
17	济南	38	25
18	佛山	34	23
19	珠海	33	18
20	郑州	32	20

表4-13 前12名新升级高新区瞪羚企业数量

单位：家

序号	排名	新升级高新区10强	瞪羚企业数量	新晋瞪羚企业数量
1	1	宁波	31	17
2	2	昆山	30	14
3	3	东莞	28	15
4	4	武进	16	14
5	4	芜湖	16	4
6	6	上海紫竹	9	4
7	6	萧山临江	9	6
8	6	柳州	9	4
9	6	南通	9	6
10	6	宜昌	9	5
11	6	泰州	9	5
12	6	荆门	9	7

国家高新区瞪羚企业发展报告2019

国家高新区　第五章

瞪羚企业创新发展分析

一、瞪羚企业创新投入日趋活跃

（一）瞪羚企业科技活动投入增长加快

2018年，2968家瞪羚企业创新要素投入活跃：科技活动投入强度平均水平达9.2%；内部研发投入强度达4.6%；科技活动人员占比达14.6%；近五成的瞪羚企业设立了科技机构；瞪羚企业创新要素投入逐年增长。

1. 2018年瞪羚企业科技活动投入强度再创新高

2968家瞪羚企业2018年平均科技活动投入资金为4336万元，科技活动投入强度为9.2%。大部分瞪羚企业科技活动投入资金在100万~5000万元，其中810家集中在100万~500万元，占总体的27.3%（表5-1）。

表5-1 瞪羚企业2018年科技活动投入资金分布

2018年科技活动投入（元）	企业数量（家）	占比
大于2亿	81	2.7%
1亿~2亿	86	2.9%
5000万~1亿	162	5.5%
2000万~5000万	426	14.4%
1000万~2000万	608	20.5%
500万~1000万	731	24.6%

续表

2018年科技活动投入（元）	企业数量（家）	占比
100万~500万	810	27.3%
0~100万	42	2.1%
总计	2968	100.0%

九成瞪羚企业2018年科技活动投入强度分布在2.5%~30%，其中792家集中分布在2.5%~5%，占瞪羚企业数量的26.7%（表5-2）。

表5-2　2015—2018年瞪羚企业科技活动投入强度分布

4年科技活动投入强度	企业数量（家）	占比
30%以上	185	6.2%
10%~30%	915	30.8%
7.5%~10%	399	13.4%
5%~7.5%	677	22.8%
2.5%~5%	792	26.7%
总计	2968	100.0%

中小型瞪羚企业科技活动投入强度更高。中小型瞪羚企业2018年平均科技活动投入为1521.2万元，平均科技活动投入强度为10.9%，平均每家企业科技活动人员为59人，科技活动人员占比为40.3%（表5-3）。

表5-3　中小型瞪羚企业2018年科技活动投入

科技活动指标	中小型瞪羚企业均值	瞪羚企业均值	倍数
平均科技活动投入（万元）	1521.2	4336.5	0.4
平均科技活动投入强度	10.9%	9.2%	—
平均科技活动从业人员（人）	59	127	0.5
科技活动人员占比	40.3%	40.3%	—

2.瞪羚企业科技活动投入近三年复合增长率达39.7%

瞪羚企业群体2015—2018年科技活动投入经费逐年增加，科技活动投入资金由2015年的472.5亿元快速增长到2018年的1287.1亿元，2018年同比增长34.5%，近三年复合增长率为39.7%（图5-1）。

图5-1　2015—2018年科技活动投入情况

3.历年瞪羚企业群体的科技活动投入强度呈上升趋势

2013—2018年，瞪羚企业群体的科技活动投入强度呈上升趋势。从历年瞪羚企业群体来看，瞪羚企业的科技活动投入强度由2013年的5.9%上升至2018年的9.2%，提升了3个百分点。

图5-2　2013—2018年瞪羚企业群体科技活动投入情况

（二）瞪羚企业内部研发投入近三年复合增长率达 43.8%

2968家瞪羚企业2018年R&D经费内部支出（内部研发投入）总和为652.4亿元。平均每家企业R&D经费内部支出为2198万元，平均R&D经费内部投入强度为4.7%。瞪羚企业中除了没有R&D投入的企业，R&D经费内部支出在100万～500万元的占比最高，占群体数量的21.5%（表5-4）。

表5-4 2018年R&D经费内部支出分布

R&D经费内部支出（元）	企业数量（家）	占比
1亿以上	83	2.8%
5000万～1亿	77	2.6%
2000万～5000万	212	7.1%
1000万～2000万	322	10.8%
500万～1000万	414	13.9%
100万～500万	637	21.5%
0万～100万	1223	41.2%
总计	2968	100.0%

瞪羚企业注重研发经费投入。瞪羚企业R&D经费内部支出总和由2015年的219.5亿元增长到2018年的652.4亿元，2018年同比增长60.0%，三年复合增长率达到43.8%（图5-3）。

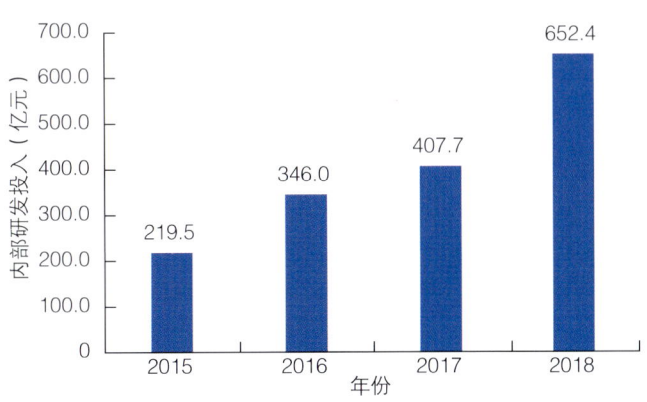

图5-3 2015—2018年企业内部研发投入情况

（三）瞪羚企业产学研合作支出近三年复合增长率达 65.5%

瞪羚企业科技活动经费投入除用于自主研发之外，其余部分用于与境内外研究机构、高校及企业的产学研合作支出（即委托外单位开展科技活动支出）。2968家瞪羚企业2018年与外单位开展产学研合作支出达101.1亿元，占科技活动总投入的7.9%；其中企业间的研发合作增长迅猛，占委托外单位开展科技活动经费支出的87.9%（图5-4）。

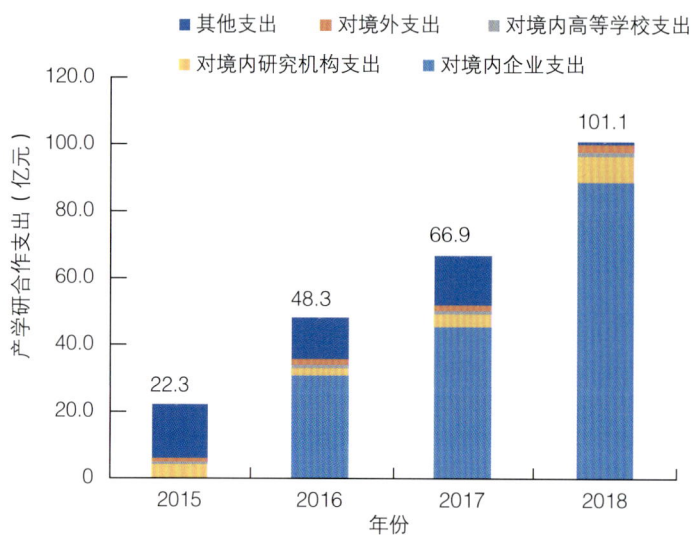

图5-4 2018年瞪羚企业委托外单位开展科技活动支出情况

产学研支出增速加快。瞪羚企业委托外单位开展科技活动经费支出总和由2015年的22.3亿元增长到2018年的101.1亿元，2018年同比增长51.1%，三年复合增长率为65.5%。其中，对境内企业的支出增长最快，2018年为88.9亿元，同比增长95.0%，两年复合增长率为69.3%。2018年对境外的支出为2.3亿元，三年复合增长率为27.9%（表5-5）。

表5-5 2015—2018年瞪羚企业委托外单位开展科技活动的经费支出情况

单位：亿元

项目名称	2015年	2016年	2017年	2018年
对境内研究机构支出	4.2	2.2	3.8	7.7
对境内高等学校支出	0.8	1.0	1.0	1.3

续表

项目名称	2015年	2016年	2017年	2018年
对境内企业支出	—①	31.0	45.6	88.9
对境外支出	1.1	1.7	1.7	2.3
其他支出	16.2	12.4	14.9	1.0
总计	22.3	48.3	66.9	101.1

（四）科技活动人员规模和学历水平不断提升

1.科技活动人员规模不断扩大

科技活动人员持续支撑瞪羚企业技术创新。瞪羚企业2018年平均科技活动人员127人，占从业人员总数的35%。2015—2018年，瞪羚企业科技活动人员数量逐年增加，三年复合增长率为20.7%，同时，科技活动人员占比由2015年的31%增长到2018年的35%（图5-5）。

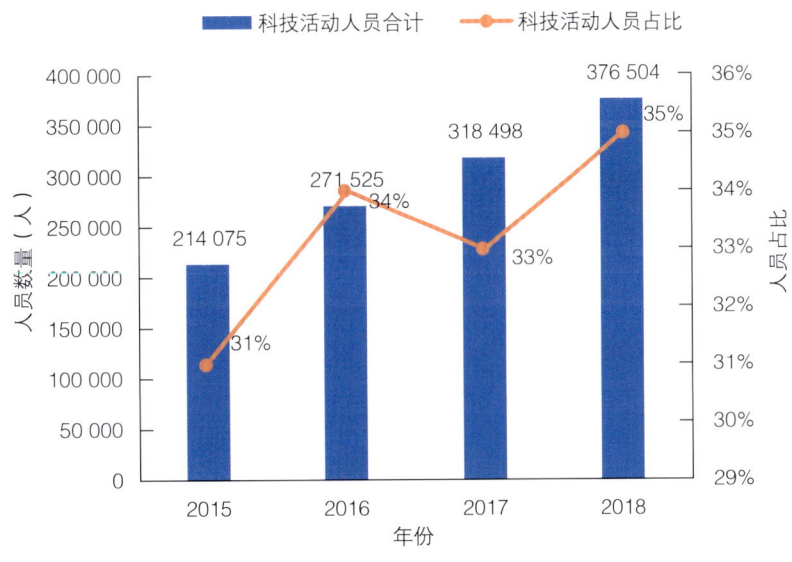

图5-5　2015—2018年科技活动人员占比

---

① 2015年"对境内企业支出"数据未收集。

2. R&D人员投入同比增长28.9%

2015—2018年，瞪羚企业R&D人员折合全时当量由2015年的64 487人年增长到2018年的164 960人年，三年复合增长率为36.8%，2018年同比增长28.9%（图5-6）。

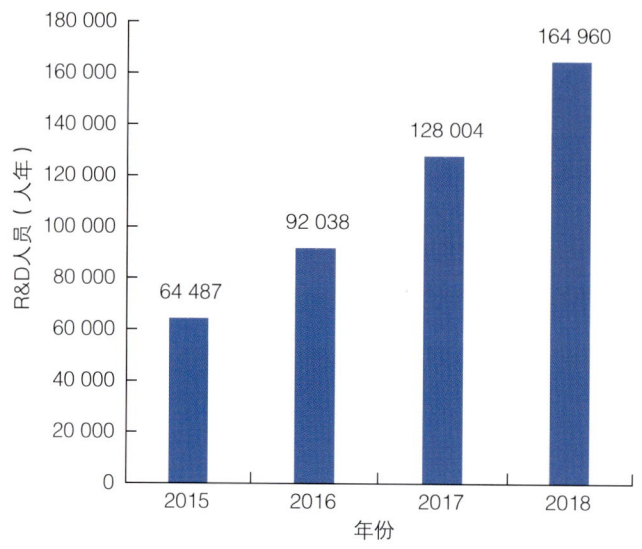

图5-6　2015—2018年R&D人员折合全时当量

3.从业人员学历水平逐渐提升

2018年，在瞪羚企业106.6万从业人员中，本科学历人数最多，共42.9万人，占比高达40.2%；研究生学历人数达10.9万人，其中硕士10.2万人（占9.6%），博士0.7万人（占0.6%），如图5-7所示。

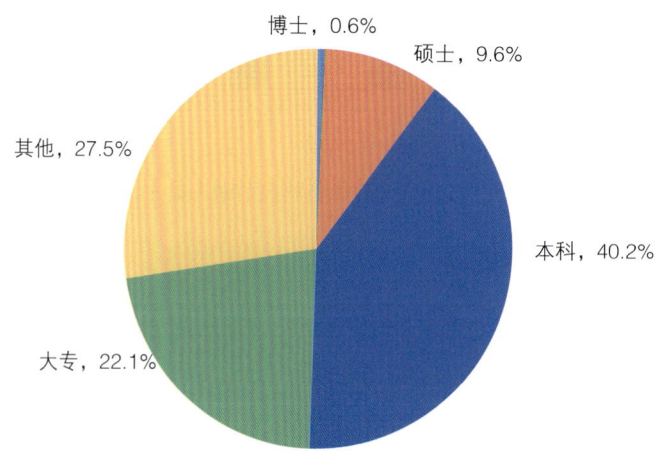

图5-7　2018年瞪羚企业从业人员学历分布

本科以上学历从业人员占比逐年增加。瞪羚企业从业人员中，本科及以上学历从业人员占比由2015年的45.2%上升至50.5%，增长了5.3个百分点。其中，本科学历从业人员占比由36.2%上升至40.2%，研究生学历由9.1%上升至10.2%（图5-8）。

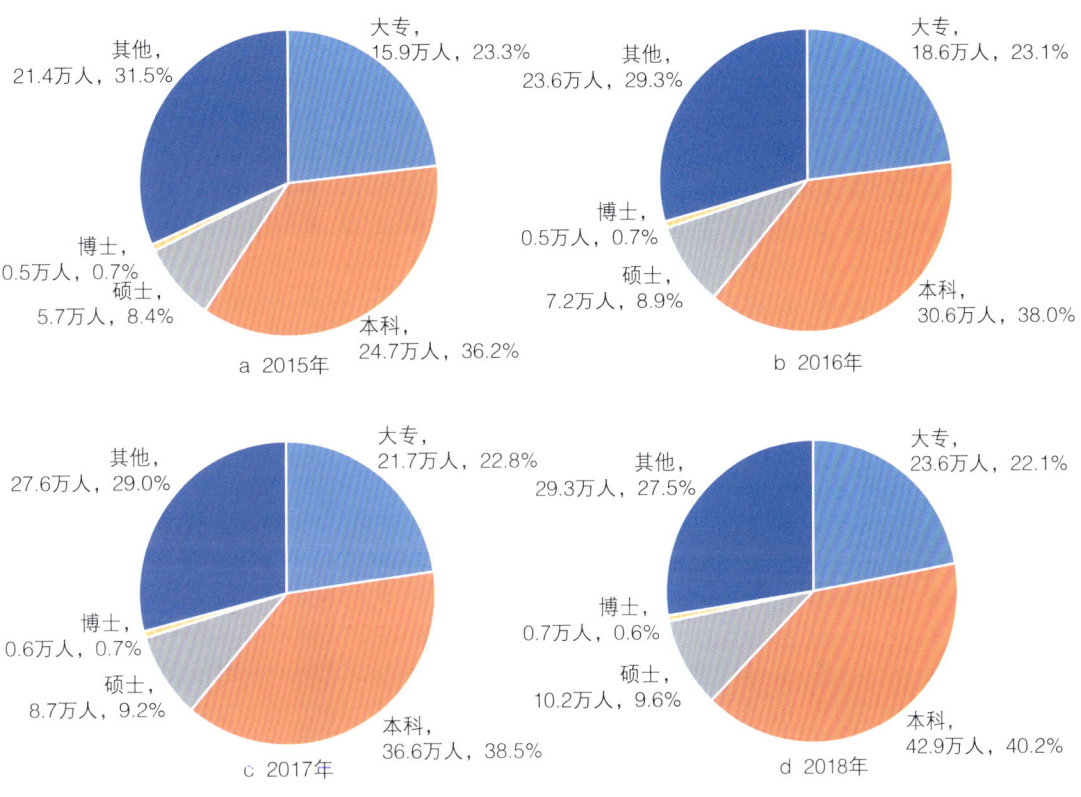

图5-8　2015—2018年从业人员学历构成

（五）近五成瞪羚企业设立了科研机构

47.2%的瞪羚企业设立了科研机构。2968家瞪羚企业2018年创办科研机构2015个，共有1400家瞪羚企业设置了科研机构，占瞪羚企业总数的47.2%。企业科研机构中有科研人员总计13.6万人，占科技活动人员总数的36.0%；科研机构经费支出435亿元，占科技活动投入的33.8%。

瞪羚企业对科研机构的人员和经费投入逐年增加。2015—2018年，瞪羚企业科研机构人员复合增长率为23.9%，2018年科研机构人员数量增长率为12.5%；2018年科研机构经费支出增长率为13.6%，三年复合增长率为36.8%（图5-9、图5-10）。

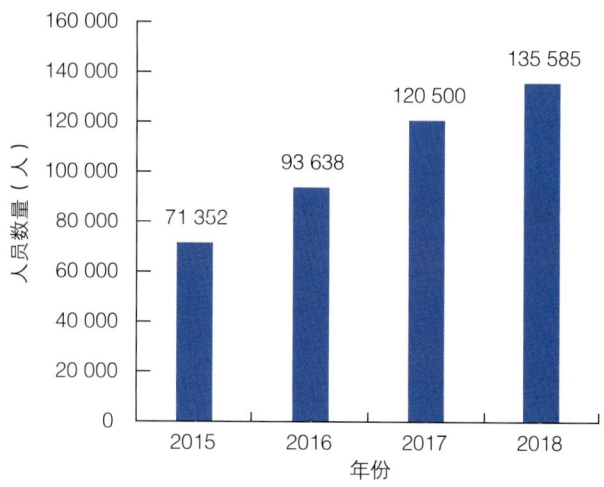

图5-9　2015—2018年科研机构人员数量

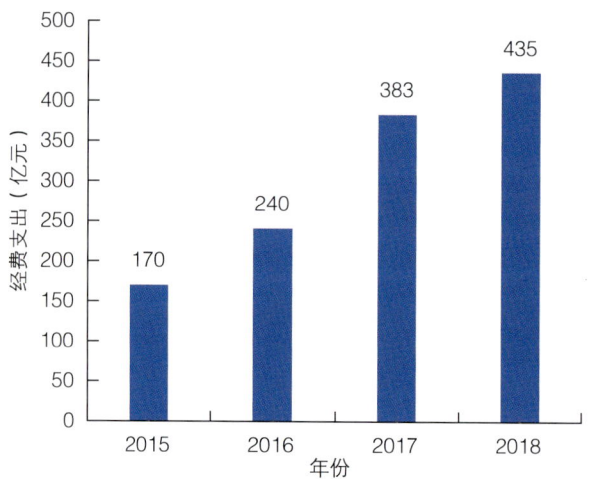

图5-10　2015—2018年科研机构经费支出

二、瞪羚企业科技创新成果多样化

（一）新产品及技术性收入逐年攀升

1.瞪羚企业总产值中的六成来自新产品

瞪羚企业积极推出新产品，新产品的产值占瞪羚企业总产值的六成。2018年，瞪羚企业新产品产值为4581亿元，占瞪羚企业工业总产值的62.1%；新产品销售收入为4459亿元，占瞪羚企业营业收入的31.7%。其中，新产品出口为691.7亿元，占瞪羚企业出口额的49.5%。

新产品产值及销售收入不断提高。2018年，新产品产值和销售收入同比增幅分别为26.2%和29.7%，2015-2018年三年复合增长率分别为31.8%和32.3%（图5-11）。

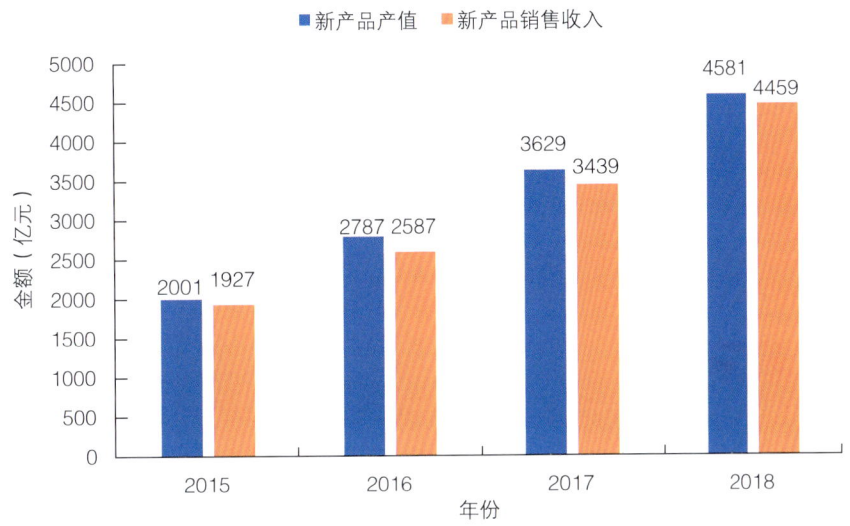

图5-11　2015—2018年新产品产值及销售收入情况

2.近八成的产品销售收入来自高新技术产品

瞪羚企业高新技术产品收入由2015年的2932.4亿元快速增长到2018年的7209.3亿元，三年复合增长率为35.0%。2018年，高新技术产品收入占产品销售收入的82.8%，占全部营业收入的51.3%（图5-12）。

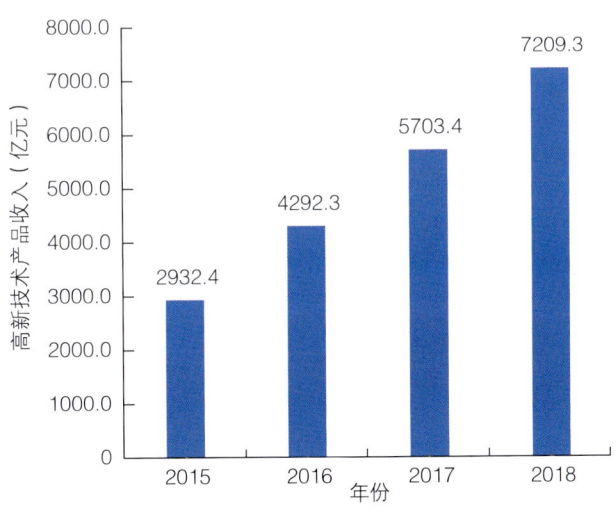

图5-12　2015—2018年高新技术产品收入情况

3.瞪羚企业技术收入占营业收入三成以上

瞪羚企业技术收入稳定增长。2018年，瞪羚企业群体技术收入为4609.2亿元，占营业收入的32.8%，2015—2018年复合增长率为43.9%，2018年同比增长41.2%。其中，技术转让收入63亿元，技术承包收入84亿元，技术咨询与服务收入2923亿元，接受委托研究开发收入157亿元，其余为技术入股、中试产品收入等（图5-13、图5-14）。

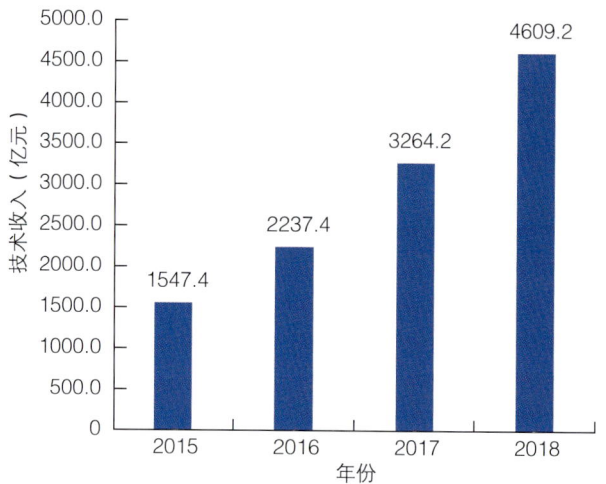

图5-13　2015—2018年瞪羚企业技术收入情况

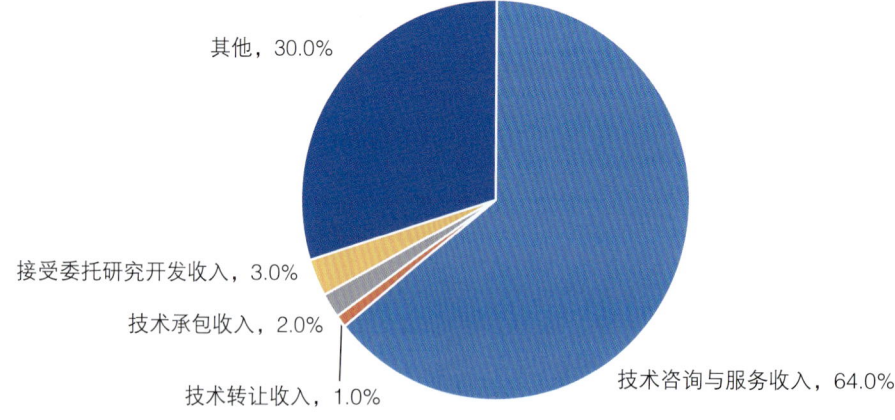

图5-14　2018年瞪羚企业技术收入构成情况

（二）瞪羚企业知识产权成果丰硕

1.瞪羚企业专利成果逐年增加

2018年，共有1977家瞪羚企业申请专利，占瞪羚企业总数的66.6%。2018年，瞪羚企业共申请专利64 323件，授权专利30 910件，拥有有效专利115 504件，专利所有权转让及许可1309件。其中，申请发明专利38 202件，授权发明专利10 821件；申请发明专利占全部申请专利的59.4%。

瞪羚企业拥有有效发明专利三年复合增长率在40%以上。2015—2018年，瞪羚企业申请专利、授权专利、拥有有效专利数量复合增长率分别为35.1%、33.6%和38.4%。2015—2018年，瞪羚企业申请发明专利、授权发明专利、拥有有效发明专利数量复合增长率分别为36.2%、37.6%和43.5%（图5-15、图5-16）。

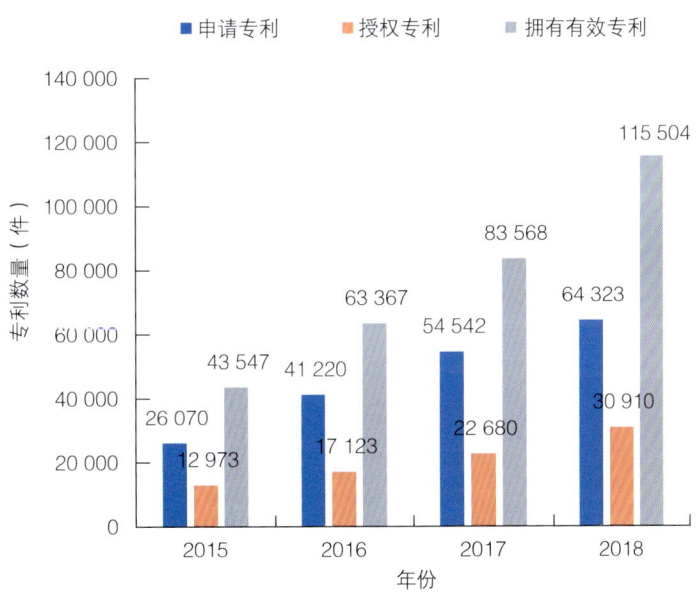

图5-15　2015—2018年瞪羚企业拥有专利情况

图5-16　2015—2018年瞪羚企业拥有发明专利情况

瞪羚企业2018年共发表科技论文2035篇，获得软件著作权54 853件，集成电路布图1424件，形成国际标准21个，形成国家或行业标准243个，当年获得国家科技奖励25项。瞪羚企业获得软件著作权、集成电路布图的数量逐年增加，三年复合增长率分别为36.9%和16.2%（图5-17）。

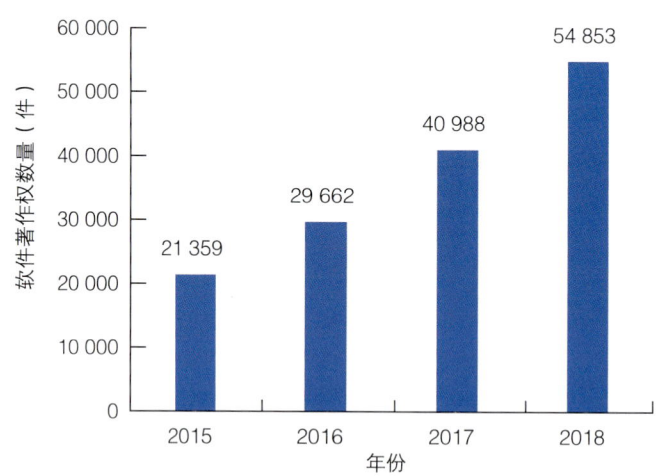

图5-17　2015—2018年瞪羚企业软件著作权情况

2.瞪羚企业境外知识产权拥有量逐年增加

2018年，瞪羚企业拥有境外授权专利3848件，相较于2015年的566件，三年复合增长率高达89.4%；境外授权发明专利2756件，相较于2015年的507件，三年复合增长率高达75.8%（图5-18）。

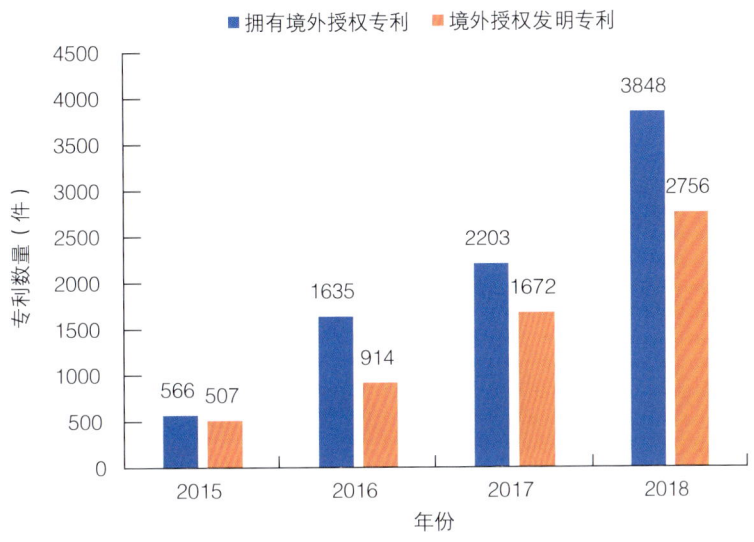

图5-18　2015—2018年瞪羚企业拥有境外专利情况

瞪羚企业拥有欧美日专利数量三年复合增长率达83.1%。2018年，瞪羚企业申请欧美日专利3225件，同比增长16.1%，三年复合增长率达43.6%；授权欧美日专利1215件，同比增长87.8%，三年复合增长率达85.6%；拥有欧美日专利2662件，同比增长72.0%，三年复合增长率达83.1%（图5-19）。

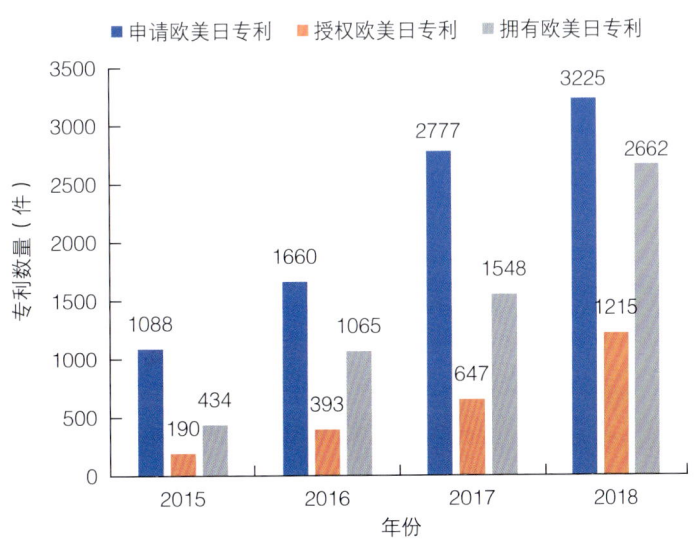

图5-19　2015—2018年瞪羚企业拥有欧美日专利情况

国家高新区瞪羚企业发展报告2019

第六章 国家高新区瞪羚企业持续发展分析

一、入选瞪羚企业的群体始终保持增长

入选瞪羚企业后,企业群体营业收入以13%的平均增速持续增长。对近5年"国家高新区瞪羚企业名单"中的企业进行分析显示,在入选瞪羚企业后,1年营业收入同比增速为17%,2年为12%,3年为15%,4年为12%,5年为7%(表6-1)。从营业收入复合增长率来看,两年复合增长率为14%,三年复合增长率为14%,四年复合增长率为13%,五年复合增长率为11%(表6-2)。

表6-1 瞪羚企业群体每年同比营业收入增速[1]

年份	瞪羚企业名单数量（家）	跟踪企业数量（家）	瞪羚后1年	瞪羚后2年	瞪羚后3年	瞪羚后4年	瞪羚后5年
2013	1542	1265	15%	9%	13%	11%	7%
2014	1888	1543	16%	11%	15%	12%	—
2015	2085	1894	18%	16%	18%	—	—
2016	2576	2466	18%	12%	—	—	—
2017	2857	2798	17%	—	—	—	—
平均	—	—	17%	12%	15%	12%	7%

---

[1] 结果保留整数。

表6-2 瞪羚企业群体营业收入复合增长率[①]

年份	瞪羚企业名单数量（家）	跟踪企业数量（家）	瞪羚后1年	瞪羚后2年	瞪羚后3年	瞪羚后4年	瞪羚后5年
2013	1542	1265	15%	12%	13%	12%	11%
2014	1888	1543	16%	13%	14%	13%	—
2015	2085	1894	18%	17%	17%	—	—
2016	2576	2466	18%	15%	—	—	—
2017	2857	2798	17%	—	—	—	—
平均	—	—	17%	14%	14%	13%	11%

40.1%的企业在入选瞪羚企业榜单的第2年持续在榜，17.3%的企业连续3年在榜。对2013—2018年连续6年"国家高新区瞪羚企业名单"中的企业进行分析可得，平均40.1%的企业在入选瞪羚企业1年后仍为瞪羚企业，2年后连续为瞪羚的企业为17.3%，3年后为7.9%，4年后为3.6%，2.0%的瞪羚企业在5年后仍旧在榜，共30家（图6-1）。

图6-1 近6年瞪羚企业换榜

---

① 结果保留整数。

入选瞪羚企业5年后,仍有一半以上的企业实现营业收入增长。入选瞪羚企业后1~5年,相对入选瞪羚企业的截止年[1],营业收入实现增长的企业占比分别为67%、64%、61%、58%和57%,即入选瞪羚企业5年后,仍有57%的企业实现营业收入增长(表6-3、图6-2)。

表6-3 入选瞪羚后企业营业收入增长情况[2]

类别	瞪羚后1年	瞪羚后2年	瞪羚后3年	瞪羚后4年	瞪羚后5年
连续为瞪羚	40%	17%	8%	4%	2%
营业收入连续增长	—	29%	25%	19%	14%
与瞪羚年相比增长	27%	18%	29%	35%	41%
与瞪羚年相比下降	33%	20%	31%	38%	41%
营业收入连续下降	—	16%	8%	4%	2%
增长比例	67%	64%	61%	58%	57%
下降比例	33%	36%	39%	42%	43%

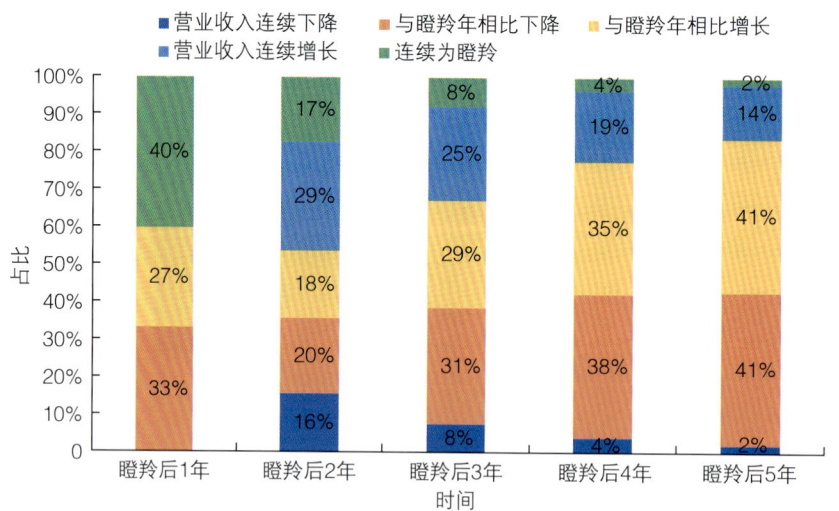

图6-2 瞪羚企业后续发展

①　即入选瞪羚企业当年的数据截止年,如2018年瞪羚企业的截止年为2018年。
②　结果保留整数。

其中，入选瞪羚企业后2~5年，营业收入实现持续增长的企业平均比例（包含持续瞪羚企业）分别为29%、25%、19%和14%，即入选瞪羚企业5年后，仍有14%的瞪羚企业每年营业收入保持增长。

二、瞪羚企业保持3年连续高质量成长

（一）持续3年瞪羚企业分布地区及行业

持续3年瞪羚企业主要分布在中关村、上海张江、深圳、杭州等高新区。2016年、2017年和2018年均入选瞪羚企业的共有533家，其中143家分布在北京（26.8%），54家分布在上海（10.1%），其他分布较多的高新区有深圳、杭州、广州、武汉东湖、成都、苏州工业园区、厦门和苏州（表6-4）。

表6-4 持续3年瞪羚企业高新区分布

单位：家

序号	高新区	企业数量	占比
1	中关村	143	26.8%
2	上海张江	54	10.1%
3	深圳	32	6.0%
4	杭州	31	5.8%
5	广州	30	5.6%
6	武汉东湖	22	4.1%
7	成都	17	3.2%
8	苏州工业园区	16	3.0%
9	厦门	15	2.8%
10	苏州	14	2.6%
11	青岛	8	1.5%
12	合肥	8	1.5%
13	西安	8	1.5%
14	天津	8	1.5%

续表

序号	高新区	企业数量	占比
15	长沙	7	1.3%
16	无锡	7	1.3%
17	南京	7	1.3%
18	宁波	7	1.3%
19	昆山	6	1.1%
20	珠海	6	1.1%

与瞪羚企业群体相比，持续3年瞪羚企业中，软件和信息技术服务业的占比更高。持续3年瞪羚企业的行业分布与瞪羚企业群体基本保持一致，主要集中在制造业，信息传输、软件和信息技术服务业，科学研究和技术服务业三大行业门类。其中，信息传输、软件和信息技术服务业企业占比略高于瞪羚企业群体，制造业、科学研究和技术服务业企业占比略低于瞪羚企业群体。从二级行业大类分布来看，计算机和互联网类（软件和信息技术服务业，计算机、通信和其他电子设备制造业，互联网和相关服务）及仪器仪表制造业企业占比略高于瞪羚企业群体，传统制造业如专用设备制造业、电气机械和器材制造业企业占比略低于瞪羚企业群体（表6-5、表6-6）。

表6-5 持续3年瞪羚企业一级行业门类分布

单位：家

行业分类	持续3年瞪羚企业数量	持续3年瞪羚企业占比	瞪羚企业数量（2018年）	瞪羚企业占比（2018年）
制造业	239	44.8%	1446	48.7%
信息传输、软件和信息技术服务业	209	39.2%	982	33.1%
科学研究和技术服务业	45	8.4%	320	10.8%

表6-6　持续3年瞪羚企业二级行业大类分布

单位：家

行业分类	持续3年瞪羚企业数量	持续3年瞪羚企业占比	瞪羚企业数量（2018年）	瞪羚企业占比（2018年）
软件和信息技术服务业	180	33.8%	843	28.4%
计算机、通信和其他电子设备制造业	72	13.5%	314	10.6%
专用设备制造业	32	6.0%	239	8.1%
仪器仪表制造业	29	5.4%	129	4.3%
互联网和相关服务	26	4.9%	126	4.2%
电气机械和器材制造业	23	4.3%	158	5.3%

（二）持续3年瞪羚企业盈利和创新能力更强

相比瞪羚企业群体，持续3年瞪羚企业规模更大、增长更快。从规模来看，持续3年瞪羚企业的营业收入平均值为13.9亿元，高于2018年瞪羚企业群体的4.7亿元。经过至少3年的持续高成长，有123家企业营业收入达到10亿元以上，占持续3年瞪羚企业群体的23.1%，营业收入在5000万元以下的企业仅有21家。持续3年瞪羚企业的营业收入三年复合增长率为41.9%，高于2018年瞪羚企业群体的37.1%。同时，持续3年瞪羚企业的从业人员数、工业总产值、年末资产平均值也高于瞪羚企业群体的平均值（表6-7、图6-3）。

表6-7　2018年持续3年瞪羚企业与瞪羚企业群体经济表现对比

2018年经济指标	持续3年为瞪羚企业均值	瞪羚企业群体均值	倍数
工业总产值平均值（亿元）	6.1	2.5	2.4
年末资产平均值（亿元）	33.7	9.7	3.5
营业收入平均值（亿元）	13.9	4.7	3.0
营业收入三年复合增长率	41.9%	37.1%	1.1
年末从业人员平均值（人）	771	359	2.1

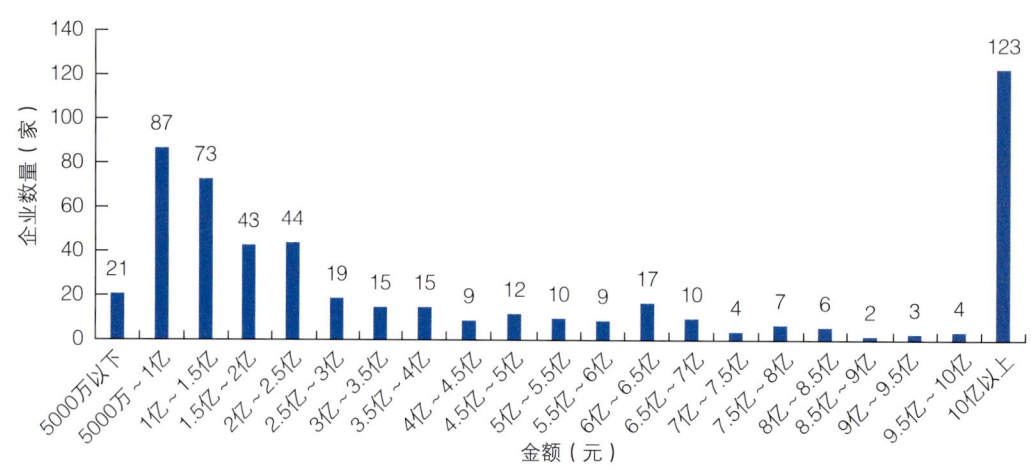

图6-3 持续3年瞪羚企业营业收入分布

相比瞪羚企业群体,持续3年瞪羚企业盈利能力更强。2018年持续3年瞪羚企业净利润率为14.5%,净资产利润率为23.1%,净资产周转率为1.6,均高于瞪羚企业群体(表6-8)。

表6-8 2018年持续3年瞪羚企业与瞪羚企业群体盈利能力对比

2018年经济指标	持续3年为瞪羚企业均值	瞪羚企业群体均值	倍数
净利润率	14.5%	12.6%	1.2
净资产利润率	23.1%	17.7%	1.3
净资产周转率	1.6	1.4	1.1

相比瞪羚企业群体,持续3年瞪羚企业创新能力更强。持续3年瞪羚企业科技活动投入强度更大,为9.9%,科技活动人员数量平均值为314人;创新成果落地能力不断提高,技术收入平均值为5.9亿元,占营业收入的42.4%,技术收入三年复合增长率为55.7%;瞪羚企业持续创新能力较强,拥有有效专利数量三年复合增长率为51.7%,以上指标均高于瞪羚企业群体(表6-9)。

表6-9 2018年持续3年瞪羚企业与瞪羚企业群体创新指标对比

2018年经济指标	持续3年为瞪羚企业均值	瞪羚企业群体均值	倍数
科技活动投入强度	9.9%	9.2%	1.1
科技活动人员数量平均值(人)	314	127	2.5

续表

2018年经济指标	持续3年为瞪羚企业均值	瞪羚企业群体均值	倍数
技术收入平均值（亿元）	5.9	1.6	3.8
技术收入占比	42.4%	32.8%	1.3
技术收入三年复合增长率	55.7%	43.9%	1.3
拥有有效专利数量三年复合增长率	51.7%	38.4%	1.4

三、瞪羚企业在资本市场表现良好

（一）在孵或毕业于科技企业孵化器的瞪羚企业更容易吸引投资

科技企业孵化器在瞪羚企业培育中起到了促进作用。截至2018年年底，在孵或毕业于科技企业孵化器的瞪羚企业共有563家，占瞪羚企业总数的18.7%，其中已从科技企业孵化器毕业的瞪羚企业有296家，在孵企业有267家。

从毕业时间来看，2011—2017年毕业的瞪羚企业数较多，占所有已毕业瞪羚企业数量的85.5%，共253家；2008—2010年毕业的瞪羚企业有31家，占比为10.5%；2018年有8家瞪羚企业从孵化器或加速器毕业，占比仅为2.7%（图6-4）。

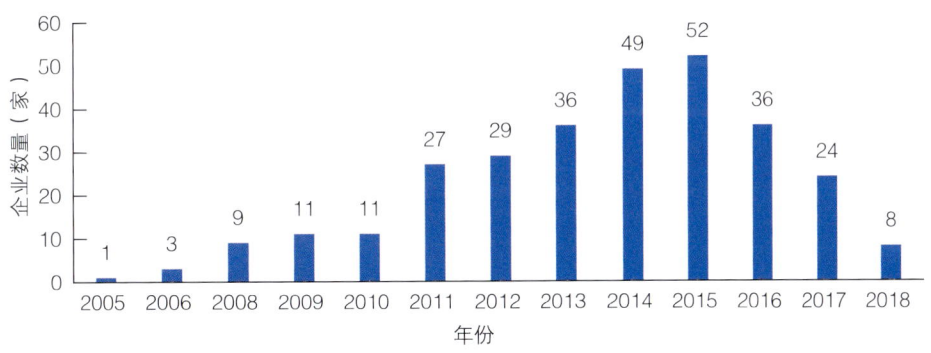

图6-4　瞪羚企业从孵化器或加速器毕业时间分布
（注：无2007年数据）

从入驻时间来看，2009—2015年入驻孵化器或加速器的瞪羚企业数量最多，占在孵企业数的78.3%，共209家；2005—2008年入驻的有39家，占在孵企业数的14.6%；2016—2018年入驻的有19家，占在孵企业数的7.1%（图6-5）。

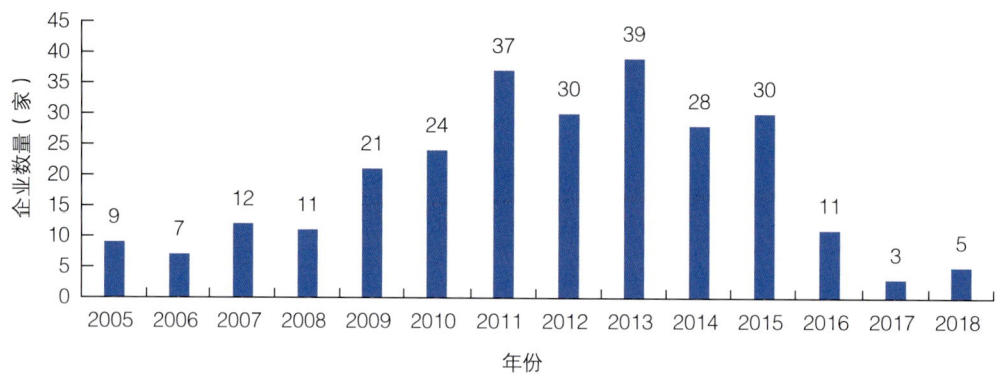

图6-5 瞪羚企业入驻孵化器或加速器时间分布

有15个高新区拥有10家及以上在孵或毕业企业，占孵化器在孵或毕业企业总数的68.2%。其中，中关村瞪羚企业中在孵或毕业企业91家，占总体在孵或毕业企业总数的16.2%；上海张江64家，占11.4%；苏州工业园区40家，占7.1%（表6-10）。

表6-10 在孵或毕业瞪羚企业数量10家及以上的国家高新区

高新区	在孵或毕业瞪羚企业数量（家）
中关村	91
上海张江	64
苏州工业园区	40
广州	38
厦门	18
成都	17
无锡	16
深圳	15
南京	14
珠海	14
武汉东湖	13
西安	12
合肥	12
杭州	10
长沙	10

在孵或毕业于科技企业孵化器的瞪羚企业更容易获得风险投资。对2013—2018年瞪羚企业入孵和获得风险投资的数量进行对比，在孵或毕业于科技企业孵化器的瞪羚企业中有14.4%获得过风险投资，与孵化器无关的瞪羚企业中只有6.4%获得过风险投资（表6-11）。

表6-11 2013—2018年瞪羚企业入孵和获得风险投资交叉分析

单位：家

瞪羚企业与孵化器或加速器关系	获得过风险投资		未获得过风险投资		企业总数[①]
	数量	占比	数量	占比	
在孵或毕业瞪羚企业	189	14.4%	1120	85.6%	1309
与孵化器无关瞪羚企业	438	6.4%	6367	93.6%	6805

（二）瞪羚企业群体融资轮次及数量逐年增加

2018年2968家瞪羚企业中，获得风险投资的企业数逐年增加，3年共有492家瞪羚企业获得风险投资。从获得风险投资企业数量来看，2015—2018年，瞪羚企业累计获得风险投资的企业为492家。2018年获得风险投资的企业为132家，占2018年瞪羚企业总数的4.4%。其中，处于天使轮阶段的共10家，A轮44家，B轮37家，C轮26家，D轮及以上15家（图6-6、图6-7）。

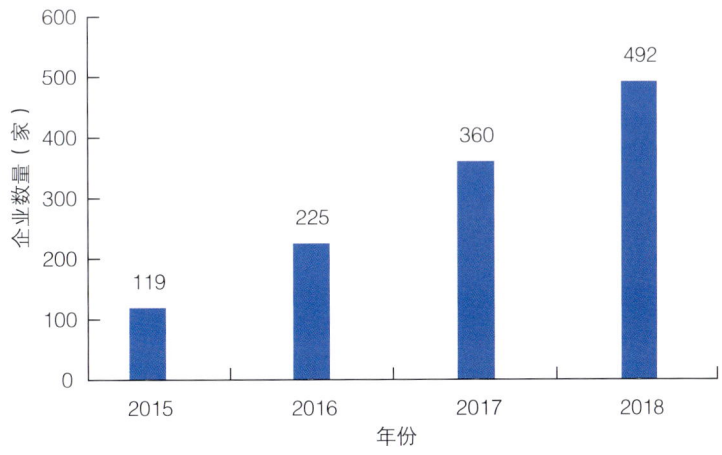

图6-6 2015—2018年获得创业风险投资瞪羚企业累计数量

---

① 企业总数为获得过风险投资及未获得过风险投资的企业总和。

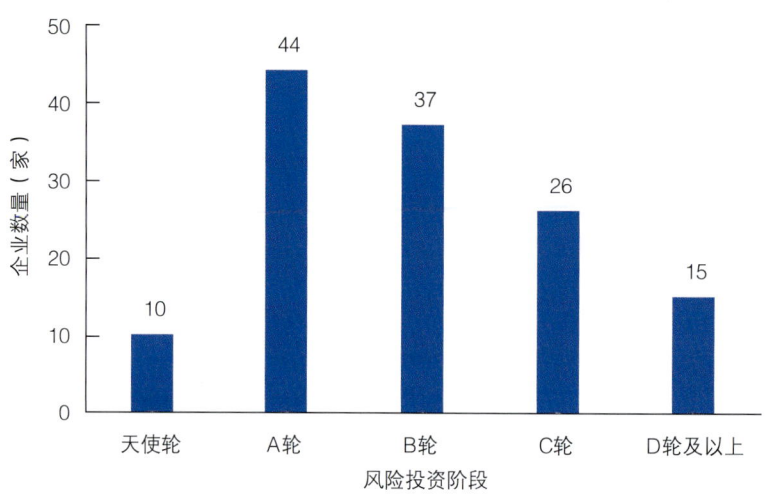

图6-7　2018年获得风险投资的瞪羚企业风险投资阶段

从获投资额来看，2015—2018年瞪羚企业累计获得风险投资额总计293.9亿元。其中，2018年获得风险投资共158.7亿元，同比增长183.9%，三年复合增长率为67.3%。2018年获得4000万元以上投资的瞪羚企业数为58家，获得1000万元以下投资的企业数为30家（图6-8）。

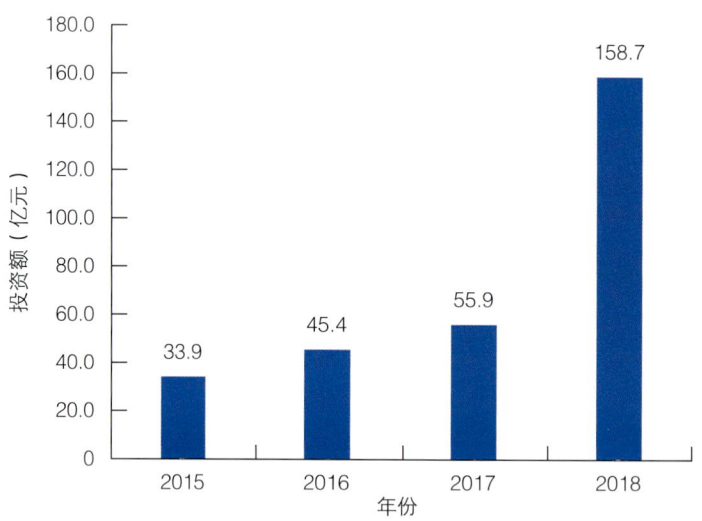

图6-8　瞪羚企业获得创业机构风险投资情况

从历年瞪羚企业及后续发展来看，入选瞪羚后的企业中，有550家企业获得风险投资。对2013—2018年瞪羚企业的融资情况分析得知，共有550家企业进行了766次融资，其中332次融资在进入瞪羚企业名单当年获得，434次融资在成为瞪羚企业后获得（表6-12）。

表6-12　2013—2018年瞪羚企业群体当年及入选后的融资次数

单位：次

项目名称	年份						总计
	2013	2014	2015	2016	2017	2018	
入选瞪羚榜单当年获得融资	13	34	26	45	82	132	332
成为瞪羚后开始获得融资	70	88	82	104	90	—	434

（三）瞪羚企业上市及挂牌数量快速增加

2968家瞪羚企业中，有105家上市、441家在新三板挂牌，分别占瞪羚企业群体数量的3.5%和14.9%。瞪羚企业上市和挂牌数量从2009年的2家增长到2018年的546家，数量快速增加。

上市地点以深交所、上交所为主。截至2018年年末，共有105家瞪羚企业上市，占瞪羚企业群体数量的3.5%，其中，在国内上市的企业为93家，占上市瞪羚企业数量的88.6%；在国外上市的瞪羚企业为12家，占上市瞪羚企业数量的11.4%（表6-13）。

表6-13　2009—2018年瞪羚企业上市时间与上市地点交叉情况

单位：家

上市时间	深交所			上交所	港交所	纳斯达克	纽交所	韩国交易所	总计
	主板	创业板	中小板						
2009年	1	3	4	—	1	—	—	—	9
2010年	2	4	3	—	1	—	—	—	10
2011年	—	5	—	—	—	—	—	—	5
2012年	—	3	2	—	1	—	—	—	6
2013年	—	—	—	—	—	—	1	—	1
2014年	—	2	1	1	1	2	—	—	7
2015年	—	7	2	3	—	1	—	—	13
2016年	3	3	2	7	1	2	—	1	16

续表

上市时间	深交所			上交所	港交所	纳斯达克	纽交所	韩国交易所	总计
	主板	创业板	中小板						
2017年	1	11	6	6	1	—	2	—	27
2018年	1	2	1	1	3	1	1	1	11
总计	5	40	21	18	9	6	4	2	105
汇总	国内市场：93					国外市场：12			

四成上市瞪羚企业规模超过10亿元。105家上市瞪羚企业中，营业收入10亿元以上的共有45家，占上市瞪羚企业的42.9%，在营业收入超过10亿元的236家瞪羚企业中占19.1%。其中，深交所中小板有11家，港交所和上交所（含B股）各10家（表6-14）。

表6-14　2018年营业收入10亿元以上45家上市瞪羚企业板块分布

单位：家

上市板块	企业数量
深交所中小板	11
港交所	10
上交所（含B股）	10
纳斯达克	5
深交所创业板	4
纽交所	3
深交所主板（含B股）	2

截至2018年年末，441家瞪羚企业在新三板挂牌。自2012年开始，选择在新三板挂牌的瞪羚企业逐年增多，尤其是在2014年、2015年，新三板挂牌的瞪羚企业数增长明显（表6-15）。

表6-15　瞪羚企业新三板挂牌时间与数量

单位：家

新三板挂牌时间	企业数量
2011年	1
2012年	6

续表

新三板挂牌时间	企业数量
2013年	12
2014年	46
2015年	131
2016年	166
2017年	70
2018年	9
总计	441

2013—2018年瞪羚企业中，13.7%实现上市[①]或挂牌[②]。截至2018年年末，2013—2018年入选的8931家瞪羚企业中（不计重复），共有1220家企业上市或挂牌，占比达13.7%。其中，355家企业上市，有42家企业在成为瞪羚企业的当年上市，有136家企业在成为瞪羚企业后上市；865家企业挂牌新三板，有163家企业在成为瞪羚企业的当年挂牌，有296家企业在成为瞪羚企业后挂牌。共计637家企业在入选瞪羚企业当年或之后上市或挂牌，占全部上市或挂牌瞪羚企业的52.2%（表6-16）。

表6-16 瞪羚企业群体上市或挂牌数量

单位：家

年份	当年上市	成为瞪羚后上市	当年挂牌	成为瞪羚后挂牌
2013	0	74	9	138
2014	7	24	18	68
2015	9	19	41	62
2016	11	18	64	24
2017	7	1	26	4
2018	8	—	5	—
总计	42	136	163	296

---

① 上市：深交所、上交所、港交所、纽交所、纳斯达克和其他海外市场。
② 挂牌：挂牌新三板。

22家瞪羚企业在科创板上市。截至2019年年底，科创板上市的70家企业中，有22家是2018年入选的国家高新区的瞪羚企业，占科创板上市企业总数的31.4%。其中，中关村6家，苏州工业园区3家，杭州3家，上海张江2家。

国家高新区瞪羚企业发展报告2019

第七章

国家高新区

持续推进瞪羚企业培育

一、各地持续深入开展瞪羚企业培育工作

（一）多地高新区出台瞪羚企业培育政策并持续升级

瞪羚企业成长速度快、创新能力强、行业领域新、发展潜力大，具有人才高端、技术密集等特征，符合新经济发展方向，是"区域个性"的晴雨表、高新区创新发展的新引擎。在"大众创业、万众创新"的热潮之下，各省级、市级及国家高新区持续优化创新创业生态环境，为培育瞪羚企业发展提供了良好的环境条件。据不完全统计，我国已有中关村、武汉东湖、广州、西安等18个高新区出台了针对瞪羚企业的扶持政策（表7-1）。

表7-1 国家高新区出台瞪羚扶持政策一览

序号	区域	首次出台政策时间
1	中关村	2003年
2	西安高新区	2010年
3	武汉东湖	2011年
4	苏州工业园区	2018年
5	广州高新区	2013年
6	株洲高新区	2013年
7	杭州高新区	2014年
8	济南高新区	2016年
9	惠州仲恺高新区	2016年

续表

序号	区域	首次出台政策时间
10	宁波高新区	2016年
11	潍坊高新区	2016年
12	南宁高新区	2017年
13	长沙高新区	2017年
14	济宁高新区	2018年
15	佛山高新区	2018年
16	合肥高新区	2018年
17	郑州高新区	2019年
18	大庆高新区	2019年

（二）更多省、市开始关注新经济企业梯度培育

近年来，多个高新区对瞪羚企业培育工作优化升级，部分地区将瞪羚企业培育升级到省级层面，并开始探索"创业—瞪羚—高成长"的梯度培育政策，建立扶持新经济企业全链条成长的支持体系（表7-2、表7-3）。

表7-2 区域梯度培育划分及扶持措施

序号	区域	政策出台时间	梯度划分	扶持措施
1	重庆市	2016年	牛羚企业、瞪羚企业、高成长企业	科研创新、投融资、人才引进
2	宁波高新区	2016年	初创示范、瞪羚企业、高成长企业	财政专项补助、贷款、投融资、要素保障
3	西安高新区	2018年	雏鹰企业、瞪羚企业、科技小巨人企业、高成长企业	雏鹰企业——成长奖励、研发补贴、国际交流合作； 瞪羚企业——认定奖励、研发费用增量奖励； 科技小巨人企业——投资支持； 高成长企业——认定奖励、风投奖励、开拓国外市场、融资补贴、品牌建设

续表

序号	区域	政策出台时间	梯度划分	扶持措施
4	苏州工业园区	2018年	瞪羚培育企业、瞪羚企业、准高成长企业、高成长企业	瞪羚企业——认定奖励、优先采购、优先享受人才政策； 高成长企业——研发补贴、设立投资基金、上市奖励、用地保障
5	合肥高新区	2019年	雏鹰企业、瞪羚培育企业、瞪羚企业、潜在高成长企业、高成长企业、平台型龙头企业	雏鹰企业——合创券优先支持、融资配套奖励、贷款利息补贴； 瞪羚培育企业及瞪羚企业——研发补贴、科技计划项目补贴、合创券优先支持、融资配套奖励、贷款利息补贴、用地保障、生产用房补贴； 潜在高成长企业、高成长企业——合创券优先支持、融资补贴、用地保障、生产用房补贴； 平台型龙头企业——合创券优先支持、融资补贴、用地保障、生产用房补贴、孵化企业奖励
6	成都市	2018年	种子企业、准高成长企业、高成长或行业领军企业	"双百工程"、精准服务、企业交流圈、人才保障、融资支持、平台化发展、品牌宣传； 种子企业——技术创新补贴； 准高成长企业——开拓市场奖励、投资并购支持； 高成长或行业领军企业——上市政策支持、"城市合作伙伴"地位
7	江西省	2019年	潜在瞪羚企业、瞪羚企业、种子高成长企业、潜在高成长企业、高成长企业	认定奖励、一企一策、科技创新支持、研发机构建设支持、人才引进、资本对接、科技金融、创新券、企业服务平台、精准服务
8	天津市	2019年	雏鹰企业、瞪羚企业、科技领军企业和领军培育企业	雏鹰企业——贷款奖励、研发补助； 瞪羚企业——认定奖励、租/购房补贴、研发补助、股改上市奖励； 科技领军和领军培育企业——重大创新项目补助、认定奖励、研发补助、股改上市奖励、企业家综合贡献奖励

表7-3 其他出台瞪羚扶持政策的省市

序号	区域	政策出台时间
1	苏州市	2013年
2	山东省	2017年
3	南京市	2018年
4	江苏省	2018年
5	广西壮族自治区	2018年
6	沈阳市	2019年
7	辽宁省	2019年

（三）瞪羚政策助推企业高成长效果明显

随着瞪羚企业培育工作的持续深入开展，瞪羚企业对于区域经济的提质增效作用开始显现，逐渐成为高新区甚至省市新经济发展的先锋力量。

通过对已出台瞪羚企业扶持政策的高新区在瞪羚企业数量、瞪羚企业经济指标表现及瞪羚企业后续发展等项目进行定量分析，发现出台瞪羚企业政策的高新区瞪羚企业数量明显提升，且瞪羚企业群体增长更快、科技投入更多、后续发展更加强劲，区域瞪羚企业政策效果较为明显，表明出台瞪羚企业政策有助于推动当地瞪羚企业发展。

由于瞪羚企业政策实施效果显现需要一定的时间，因此将2019年前出台瞪羚企业政策的中关村、武汉东湖、苏州工业园区、西安、佛山、长沙、南京、广州、成都、宁波、惠州仲恺、苏州、株洲及潍坊高新区作为瞪羚企业政策实施效果评价的对象。

出台瞪羚企业扶持政策的高新区，瞪羚企业数量明显提升。2018年之前出台过瞪羚企业相关政策的14家高新区，2018年瞪羚企业数量相比上年均有增加。其中，中关村表现尤为突出，较2017年增加48家瞪羚企业，武汉东湖增加23家，苏州工业园区增加17家，西安增加16家，佛山增加13家，长沙、南京各增加10家（表7-4）。

表7-4　出台瞪羚企业扶持政策的高新区瞪羚企业数量变化

单位：家

高新区	2018年瞪羚企业数量	2017年瞪羚企业数量	瞪羚企业增加数量	新晋瞪羚企业数量	首次出台政策时间
中关村	709	661	48	382	2003年
武汉东湖	108	85	23	58	2011年
苏州工业园区	117	100	17	70	2011年
西安	69	53	16	45	2013年
佛山	34	21	13	23	2017年
长沙	55	45	10	34	2017年
南京	48	38	10	30	2010年
广州	124	116	8	58	2013年
成都	65	60	5	42	2018年
宁波	31	28	3	17	2016年
惠州	20	17	3	9	2016年
苏州	44	42	2	22	2016年
株洲	13	11	2	9	2013年
潍坊	12	10	2	8	2018年

二、高新区瞪羚企业培育优秀案例

（一）武汉东湖高新区首创"光谷瞪羚塬"项目

自2011年启动瞪羚企业培育工作，武汉东湖高新区已累计培育瞪羚企业900余家，其中诞生高成长企业6家，上市企业8家，企业培育成效显著。为加快新动能培育和新旧动能转换，全面加快"世界光谷"建设，武汉东湖高新区创新打造全国第一个瞪羚企业专业服务平台——光谷瞪羚塬。

"光谷瞪羚塬"是面向高端创业、潜在瞪羚企业和瞪羚企业的开放平台，通过引入国内外创新创业的第三方优质服务资源，为企业提供覆盖成长全链条的服务，构建自进化、自成长的创新创业生态系统，成为光谷瞪羚企业服务的主阵地。"光谷瞪羚塬"已成为瞪羚企业实现跨越式成长的加速器，瞪羚企业培育工作的主平台，瞪羚企业资源链接的新枢纽。

"光谷瞪羚塬"首创"三四五"服务体系，即提供三项主要工作，瞪羚企业发现和培育、瞪羚咨询与研究和瞪羚企业链接；开展四类核心活动，头脑风暴会、专题交流会、主题培训会和瞪羚企业嘉年华；探索五类特色服务，瞪羚研究报告发布、光谷—中关村企业链接、双谷（光谷—硅谷）直通车、瞪羚高端服务资源引进和瞪羚线上服务平台。自"光谷瞪羚塬"成立以来，已累计组织各类活动30余场，主题包括瞪羚商业模式头脑风暴会、新场景建设座谈会、企业家精神座谈会、科创板培训会、瞪羚财税培训会、瞪羚组织管理培训会等，活动直接服务光谷瞪羚企业300余家，辐射光谷中小科技型企业数百家。

"光谷瞪羚塬"是武汉东湖高新区瞪羚培育从1.0阶段迈向2.0阶段的重要举措。在1.0阶段，光谷瞪羚培育的主要目标为挖掘新物种、发现瞪羚及高成长企业、加速瞪羚及高成长企业成长、推动光谷特色产业发展和打造瞪羚活力生态群落。在2.0阶段，光谷瞪羚培育的目标转变为培育新时代伟大创业者、发展新赛道、集聚全球创新要素、引领全球原创新兴产业发展和成为全球科技型企业创业成长栖息地。

武汉东湖高新区瞪羚企业典型案例有以下几个。

武汉明德生物科技股份有限公司——医疗服务高新技术企业。武汉明德生物科技股份有限公司（以下简称"明德生物"）成立于2008年1月28日，主要从事POCT（即时检验）快速诊断试剂与快速检测仪器的自主研发、生产和销售。公司构建了核心技术平台及高通量智能POCT定量检测平台，形成了覆盖六大领域 20 余类疾病检测的产品线，公司产品目前已应用于国内各级医院、卫生服务中心、社区门诊、体检中心等3000多家医疗机构。明德生物从创业到上市历时3816天，公司也从"光谷瞪羚"一跃成为武汉东湖高新区生物医药产业领头羊。明德生物2015年营业收入9534.1万元、2016年营业收入1.4亿元、2017年营业收入1.7亿元，两年复合增长率达到42.8%。公司利润总额从2015年的4149万元上升到2017年的7542万元，三年复合增长率达到

44.7%。经过近10年发展，明德生物从国内医疗市场细分领域的入门者逐步成长为国内POCT行业巨头之一。随着国家"十三五"规划提出重点发展生命健康产业，我国医疗保障投入和人均医疗消费支出持续增长，明德生物积极把握医疗行业细分领域新兴市场快速增长的机遇，以优势产品不断扩大市场份额，逐步发展为国内POCT领域主要供应商之一，并取得较为明显的竞争优势。公司以既有核心优势产品为基础，延伸POCT产品线，满足不同应用领域对即时检验产品的需求。同时，公司加大上游核心原材料生产工艺的研发力度，减少对进口的依赖。公司还瞄准POCT行业高端市场，重点开发POCT生化平台。通过新产品的研发，逐步完善公司核心产品链，形成对市场需求的多方位覆盖，使其成为行业内产品线最为丰富的领军企业之一。

武汉逸飞激光设备有限公司——提供深入解决方案的国家高新技术企业。武汉逸飞激光设备有限公司（以下简称"逸飞激光"）成立于2005年12月，注册资本1261.7万元，公司自建立起始终专注于智能激光焊接系统的研发与应用，2007年正式进入新能源汽车动力电池激光焊接及相关应用领域。公司聚集了一批多年从事激光加工设备科研和产业化的教授、激光技术专家和科研人员，为国内外的工业激光用户提供全面完善的激光应用解决方案及配套设备。2017年营业收入突破1.3亿元，同比增长73%，近三年复合增长率高达125%；2015年公司还未实现盈利，到2017年净利润突破2300万元。逸飞激光选择瞄准电池封口焊接市场做深、做细。逸飞激光在技术与服务相结合的前提下，确保产品得到客户认可，赢得市场需求。逸飞激光每年都拿出全年销售额的8%以上作为研发投入。同时，与德国、美国等国际知名激光企业合作，投入巨资成立激光工艺研究中心，开展激光加工技术研究，联合研发更加贴近客户需求，增加客户黏度。

武汉锐科光纤激光器技术有限责任公司——光纤激光器的高科技企业。武汉锐科光纤激光器技术有限责任公司（以下简称"武汉锐科"）创办于2007年，注册资本8707万元，是中国航天三江集团公司控股的子公司。武汉锐科是继美国IPG公司和英国SPI公司之后，全球第三家专门从事具有完全知识产权的光纤激光器及核心器件的研发、规模化生产和销售的公司。武汉锐科具有国际一流的研发实力，拥有多项世界领先的专利和专有技术。武汉锐科在国内外市场均有优秀表现，并完成了国内行业领域的多个第一。公司产品已于2010年通过了欧盟CE认证，目前占有国内20%的市场份额，并已开始出口韩国、日本、西班牙、德国、印度、波兰等国家。武汉锐科承担国家科技支撑计划、国家重大专项和国家"863"计划等项目。2012—2017年，武汉锐科营业收入从8270万元增长到3.2亿元，利润总额从1215万元增长到3230万元，复合增长率分别高达31.1%和21.6%。2017年6月2日，公司成功在创业板上市。这为武汉锐科带来声誉的同时也为其带来了巨大商机，作为全球少数能够研制10kW级光纤激光器的企业，其在全球市场竞争上占尽优势，对企业自身的发展也带来了新的爆发点。

飞恩微电子有限公司——以科研技术，抢占压力传感器市场。飞恩微电子有限公司（以下简称"飞恩微电子"）成立于2011年，是由一批从海外归来的集成电路、MEMS及光电子封装、汽车电子等领域的技术专家和优秀管理人才创立的高科技企业。2018年2月，获得2500万元C轮融资。创始人团队科研技术过硬，为企业输出众多突破性成果。公司创始人、CTO刘胜在封装和电子制造领域获得10余项奖项。其从复合材料转到研究微电子封装，在LED、MEMS和电子器件可靠性等研究方向上做出了创新性研究和突破性成果。飞恩微电子以汽车电子、工业电子和消费电子产品为对象，积极抢占MEMS压力传感器细分市场，提供芯片、MEMS传感器、系统产品、测试设备等四大类产品，以及ODM/OEM服务。公司利用在MEMS技术上10余年的技术沉淀，形成两大核心技术：封装技术、批量调理技术。封装技术针对产业内实际的使用环境开发了多种封装结构；批量调理技术采用高度灵活的设计，满足产业类各种精度、量程的多变性。这两项核心技术确立了飞恩微电子在国内同领域的优势地位。目前，飞恩微电子在汽车MEMS压力传感器细分市场上的占有率排名国内第一，汽车轮胎胎压监测系统（TPMS）等系列产品已经被多家知名的汽车制造商采用，并且基于低成本的ASIC和塑料封装技术正在进入消费电子领域。未来，飞恩微电子将拓展产品在家电行业的应用，将在新的领域继续成长。

（二）广州高新区出台新"瞪羚十条"专项政策

广州高新区（以下简称"园区"）为深入贯彻落实国家创新驱动发展战略，提升区域创新发展能力，于2013年正式启动"瞪羚计划"，将发现和培育瞪羚企业作为重点工作。目前，园区已连续开展6年瞪羚认定工作，共认定5批瞪羚（培育）企业，认定企业数量从2013年的124家增长至2018年的278家[①]。这批瞪羚企业中，超过70%的企业集中在园区重点发展的"IAB"产业领域（即新一代信息技术、人工智能、生物医药产业），并涌现出广州首家科创板上市公司——方邦电子等一大批明星企业。

新经济时代，企业的发展轨迹呈现出指数级的非线性成长路径。园区瞪羚企业群体在跨越死亡谷之后，呈现出强劲的爆发力，它们或依托自身技术优势，或优化提升现有模式，或开拓市场新蓝海，步入高速发展的快车道，实现企业规模和市场影响力的快速提升，成为区域经济中创新的先行者。2018年，278家瞪羚（培育）企业共实现主营业务收入523.2亿元，近两年主营业务收入复合增长率达到38.9%，瞪羚群体各项发展指标复合增长率均大幅高于园区整体水平，对园区经济增长起到重要的引领带动作用。278家瞪羚（培育）企业的2017年整体研发经费投入强度达到6.4%，是园区同期平均水平的1.7倍；获得专利授权2062件，其中发明专利授权458件，分别占园区当年总量的22.1%和21.7%。瞪羚群体依靠创新发展走在园区企业的前列，知识产权成果丰富，成为区域高质量发展典范，对园区企业转型发展起到了良好的示范作用。

为更好地发现和扶持瞪羚企业，园区于2018年修订出台新"瞪羚十条"专项政策，对瞪羚企业和瞪羚培育企业遴选条件进行修订，在保留研发投入奖励、贷款贴息及股权投资补贴等扶持政策基础上，新增了"直接认定奖励"和"高成长成长奖"等扶持措施，着力构建"创业—瞪羚—高成长"的高成长企业培育链条。园区成立专门工作小组，联合第三方机构开展瞪羚企业扶持政策兑现工作，2018年瞪羚（培育）企业共获得专项扶持资金超过1.4亿元，政策支持力度全国领先，有效支持区内瞪羚企业创新发展、做强做大。

广州高新区瞪羚企业典型案例如下。

广州视睿电子科技有限公司——以创新的内容与技术引领教育信息化。广州视睿

---

① 广州高新区瞪羚企业入榜标准不同于国家高新区瞪羚企业标准。

电子科技有限公司（以下简称"视睿科技"）成立于2008年7月，位于广州高新区的核心园区——广州科学城，是广州视源电子科技股份有限公司的全资子公司。目前，视睿科技主要从事教育、商务等行业的人机交互、嵌入式内容服务、移动互联等技术研究与新产品的研发，包括希沃交互智能平板系列产品和整体解决方案。视睿科技深耕教育信息化载体研发和内容开发，不断提升信息化教学设备的研发速度，以"硬件+内容"的形式抢占市场，旗下自主品牌"seewo希沃"覆盖全国各省市，并出口到美洲、欧洲、澳洲、东亚等多个国家和地区。2017年，视睿科技实现营业收入超45亿元，两年复合增长率高达50%。此外，视睿科技从业人员数量持续增长，2017年从业人员数量达到近千人，同比增长近四成。

广州明珞汽车装备公司——以数字化为核心实现汽配智能制造。广州明珞汽车装备公司（以下简称"明珞装备"）成立于2008年，是集研发、生产和销售为一体的智能制造解决方案提供商，致力于为汽车制造业和一般工业领域提供汽车车身及零部件制造系统、智能制造数据服务平台、动力总成和一般工业自动化系统等集成服务。公司总部位于广州高新区科技企业加速器园区，先后在德国、美国成立子公司，目前在美国、上海等地建有集成基地。明珞装备在建立之初仅拥有一个2人的团队和15万元的启动资金，却在10年时间内逐步发展成为特斯拉、宝马、奥迪、本田、大众、菲亚特、福特等国际高端汽车品牌的供应商，成为一家具有传奇色彩的制造业瞪羚企业。2015年8月，明珞装备完成由广汽资本、上汽资本、北汽产投三大汽车集团产业基金领头完成的C轮融资，融资总金额为2亿元。2017年，明珞装备的营业收入达到6亿元，近两年复合增长率达到38%，净利润的复合增长率达到28%。截至2018年，明珞装备获得订单金额累计超过8亿元，其中海外订单超过5亿元，产品已出口美国、德国、意大利和日本等国家。除此以外，明珞装备打造了"制造业管理信息化服务平台+数字化和工业物联网大数据平台+供应链资源协同平台"三位一体的智能制造服务体系，为制造业提供数字化平台与技术标准服务、虚拟调试、工业大数据在线诊断运维服务及产业金融服务。当前，中国汽车焊接制造设备60%依赖进口，部分核心关键技术与产品被国外垄断。在这一时期，明珞装备把握智能装备行业快速发展的契机，研发了国内首款多车型共线柔性总拼系统，填补了国内行业空白，在技术水平方面已经处于国际领先地位。

广州好莱客创意家居股份有限公司——以全面数码化定制占领市场的创意家居品牌。广州好莱客创意家居股份有限公司（以下简称"好莱客"）成立于2007年4月，主要从事整体衣柜及其配套家具的设计、研发、生产和销售，是国内定制家居整体解决方案提供商。目前，好莱客拥有广州萝岗、从化、惠州、湖北汉川四大生产基地，业务范围基本覆盖国内一线城市、大部分二线城市及大多数的东部沿海三线和四线城市，经销商门店数量近1700家。2015年，好莱客在上海证券交易所挂牌上市。2017年，好莱客实现营业收入超18亿元，近两年复合增长率达到30%。好莱客专注于全屋定制领域，以整体衣柜起家，采取"线上+线下"相结合的营销模式，率先实现了从店面设计下单到生产发货的数字化驱动和无缝隙对接，主导开发了3D设计系统、CRM系统、MES系统，实现了"设计数据—工件数据—机台加工数据"的全数据链条自动计算，从店面设计下单到生产发货实行数字化驱动、无缝连接，有效提升整体营运效率。截至2017年年底，好莱客拥有自主知识产权101项，其中发明专利3项，被评为省级工程技术中心、市级企业研发机构。好莱客于2015年将"客户服务"提升至公司战略的高度，将组织架构和全体员工工作的重心转移到"以客户为中心、以服务为己任"上来。好莱客通过引入3D云设计平台，采用"大规模定制"的柔性化生产模式，满足终端消费者个性化的需求。此外，好莱客还建立了10S定制管家服务体系，为消费者提供多维度全过程的优质服务体验。

（三）成都高新区开展"瞪羚计划"

为进一步提升政府服务能力，强化优质企业培养，加大高新区瞪羚企业培育力度，支持优质瞪羚企业扎根成长，成都高新区于2018年开展"瞪羚计划"。针对种子、准高成长、高成长不同阶段特点制定专项政策，并强化人才支撑、拓宽融资渠道、加强政府采购、构建应用场景、政企精准服务等普惠政策。

2017年1月，成都高新区印发《成都高新区进一步深化创新创业发展的若干政策》，制定了针对创新创业企业及为创新创业企业提供服务的创新创业载体、服务机构的八大政策，深入推进创新创业发展。

2017年7月，成都高新区发布《关于发展新经济培育新动能的若干政策》，针对符合要求的新经济企业或新型组织出台八大支持政策，支持不同经济形态的新经济企业发展壮大。

2018年，成都高新区发布《关于深化产业培育实现高质量发展若干政策意见》，围绕电子信息、生物医药等主导产业和产业功能区建设，构建以种子期雏鹰企业、瞪羚企业、高成长企业、平台生态型龙头企业为重点的企业梯度培育体系，旨在打造一批梯次递进、成长有序、生态良好的企业群落，构建具有国际影响力的现代产业体系，促进高质量发展。

成都高新区瞪羚企业典型案例如下。

成都市极米科技有限公司——无屏电视业的龙头企业。 成都市极米科技有限公司（以下简称"极米科技"）于2013年年底成立，是一家正处于高速成长期的沉浸式"硬件+互联网公司"。极米科技率先提出"无屏电视"的产品概念，并在市场上开创了这一新品类，随后一直专注于无屏电视的设计、研发和生产。自成立以来，极米科技销售收入保持了持续的高增长态势，2014年极米科技销售收入为7066万元，2015年销售收入为2.4亿元，2016年销售收入超过8亿元，2017年销售收入超过13亿元。2017年，极米科技的市场占有率为51.4%，稳居行业第一。截至2018年11月，极米科技已完成6轮融资，目前，极米科技的融资进程进入D轮，获得由百度领投的6亿元D轮战略投资资金。极米科技业务结构主要分为两个层面：一是硬件的研发、设计和生产；二是作为终端入口，扮演内容分发渠道的角色。硬件与渠道的结合使极米科技快速获取市场。在商业模式上，极米科技正在经历从以硬件盈利为主到以生态合作盈利为主的转变。在无屏电视上的硬件技术创新和在商业模式上的创新，使极米科技实现高速成长并站在市场的潮头。

成都苑东生物制药股份有限公司——重点领域的综合性高新技术医药企业。 成都苑东生物制药股份有限公司（以下简称"苑东生物"）成立于2009年，注册资本9000万元，现有员工近700人，是依据欧盟、FDA及GMP标准建立的高新技术企业。苑东生物是一家专注于抗肿瘤（含辅助用药）、心脑血管、麻醉镇痛、精神神经、糖尿病等重点领域的综合性高新技术医药企业，主要从事化学原料药和化学药制剂的研究、生产与销售。2017年，公司产值增幅挤进成都高新区具有新经济特征的生物企业前十。公司建立的研发中心是经认定的省级企业技术中心，建有博士后科研工作站，拥有各类人才专家12人。公司的研发人员约占员工总数的20%，创新药物约占总项目的80%，符合CGMP标准的产业化平台。研发投入稳定，持续保持占营业收入的20%以上，远超过行业平均水平3%~5%。苑东生物在强大的科研技术基础上，成功抓住市场机遇并获得政府的保驾护航。成都高新区政府给予了公司一定的补助和相应的税收减免，支持公司潜心研究，形成自己的核心技术，助力其厚积薄发，加速其IPO步伐，推进公司融入多层次资本市场。

数联铭品BBD——全球大数据金融风险管理专家。数联铭品成立于2013年7月30日，注册资本776万元，公司先后进行过两轮融资，目前估值25亿元。其拥有307位员工，都是研究生以上学历，其中博士20人，大部分为海归，还包含金融、经济学领域顶尖人才。数联铭品提供定制化服务（终端机+账号充值）+冠名开发+咨询报告。目前，大数据服务需求旺盛，公司研发和市场开拓并重。作为园内"非典型"民间智库，服务于金融相关媒体、银行、证券机构、深交所、普华永道、毕马威、中证信用等大型金融机构。目前，公司在开拓创新业务，包括证券大数据服务、大数据打击非法集资服务等，风险评估系统HIGGS Credit可替代60%~80%的调查工作，可帮助银行、券商等挖掘企业全息信息，构建风险评估模型，实现信用评级等。

（四）佛山高新区推动单打冠军企业培育计划

佛山高新区围绕创新驱动发展战略，为加快发展高新技术产业，激发企业创新活力，推动产业转型升级，于2018年开展瞪羚企业培育工作，重点培育和鼓励引进一批快速增长、创新性强的优质企业，创建创新型园区。2018年8月，佛山高新区管委会举办佛山高新区瞪羚与单打冠军企业培育计划启动会，发布了培育标准和政策方向，持续推动瞪羚与单打冠军企业培育工作。

2019年是佛山高新区瞪羚企业培育工作开展的第二年，瞪羚企业数量进一步增加。从经济贡献来看，佛山高新区瞪羚企业营业收入总量持续突破，培育效果显著，企业纳税额保持稳定增长，对经济发展带动作用明显。从成长性来看，佛山高新区瞪羚企业经营质量高，成长速度快，多家企业连续入榜。从创新引领来看，佛山高新区瞪羚企业群体研发投入强度较高，科技创新成果丰富，企业整体呈现出研发驱动型特征。从产业带动来看，佛山高新区瞪羚企业分布在七大主导产业，对产业带动作用较强，未来将引领区域相应产业实现爆发式增长。

佛山高新区瞪羚企业典型案例如下。

广东爱旭科技股份有限公司——国内领先的光伏电池制造商。广东爱旭科技股份有限公司（以下简称"爱旭科技"）成立于2009年，是一家主营晶体硅太阳电池的科技型企业，在广东佛山、浙江义乌均设有大型生产制造基地，拥有省级企业技术中心、省级企业重点实验室、省级工程中心和数百项专利技术。2017年，在《中国能源报》与中国能源经济研究院共同发布的"全球新能源企业500强"榜单中，爱旭科技位列榜单第317名。通过不断技术创新，公司产品高效PERC电池正面量产效率大于22%，背面量产效率大于15%，在国内同类型企业中保持领先。新产品单晶和多晶抗PID电池获得国家太阳能光伏产品质量监督中心的检验合格报告，光电转化率分别达到20.2%和18.8%，在同行业也有较强竞争力。除自主研发外，爱旭科技也与其他厂商合作开发新产品，与杜邦合作推出的高效PERC背钝化电池采用新一代导电浆料，电池转换效率可超过21.5%，提高了电池转化效率。

广东邦普循环科技有限公司——致力于废旧电池资源化利用领域，生产电化学特性的高端电池材料。广东邦普循环科技有限公司（以下简称"邦普"）成立于2005年，是由宁德时代新能源科技股份有限公司控股，专业从事废旧电池回收利用的民营企业，旗下拥有湖南邦普循环科技有限公司、湖南邦普汽车循环有限公司等全资子公司，是国内最大的废旧锂电池资源化回收处理和高端电池材料生产的高新技术企业。目前，主营业务产品有镍钴锰氢氧化物、镍钴锰酸锂、氯化钴、硫酸镍、四氧化三钴、钴酸锂等绿色循环再生产产品，业务板块涵盖了小型二次电池循环、动力电池循环、传统报废汽车及新能源汽车再制造循环服务等三大产业板块。目前，邦普拥有全球先进的废旧电池定向循环回收技术，且自主研发全球领先的动力电池全自动回收技术及装备，为全球近20家整车企业提供动力电池和动力汽车整车回收服务。目前，国内上规模的电池回收企业数量少，主要有邦普、格林美、豪鹏、泰力等企业，其中邦普、格林美的市场份额占据全部市场的65%，企业规模远远领先其他企业。邦普技术创新路线由废旧电池资源化回收延伸至梯级再利用技术及动力电池拆解技术。在循环路线创新上，邦普独创"逆向产品定位设计"技术，实现了从分离提取阶段直接过渡到满足特殊电化学性能的前驱体材料，与传统回收处理方法相比，缩短了低能耗的循环利用流程。而在动力电池拆解及循环利用上，自主研发动力电池模块拆解机、单体拆解机，实现了直接进入破碎分选机循环利用环节，完成了动力电池的深度利用。

佛山市优特医疗科技有限公司——打破国外技术垄断的现代伤口敷料提供商。佛山市优特医疗科技有限公司（以下简称"优特医疗"）成立于2010年，是一家专注于研发生产现代伤口敷料的中外合资企业，主要产品海藻酸钙敷料、壳聚糖纤维敷料、改性纤维素敷料已出口美国、英国、法国等十几个国家和地区，产品收入达到4000万元左右。优特医疗研发生产的海藻酸钙敷料打破了国外垄断，实现了从无到有、从研究到产业化生产的突破性进展。公司目前建立了全球第5条及国内第1条完整的海藻酸盐敷料生产线和全球第二条改性纤维素敷料生产线，完成了海藻酸盐敷料、改性壳聚糖敷料、改性纤维素敷料、垂直导湿敷料、含银海藻酸盐伤口敷料等现代敷料的研发生产。其中，银离子敷料通过美国FDA510K认证，改性壳聚糖敷料第一个获欧盟CE认证，亲水敷料亦是国内第一个拿到三类注册证，填补了国内空白，技术水平达到国际先进水平。

（五）潍坊高新区首创山东省内瞪羚俱乐部

潍坊高新区于2018年出台《潍坊高新区关于培育和支持瞪羚企业加快发展的实施意见》，搭建出从潜在瞪羚到瞪羚的成长路线，并通过财政扶持、资源倾斜、金融引导、要素保障等举措扶持瞪羚企业发展。

财政扶持方面，设立财政补助专项，对认定为瞪羚的企业给予一次性奖励，对高成长企业技术改造进行专项资助。拓展发展空间，推荐企业入驻孵化器和专业园区，优先保障企业生产经营用房、建设用地和人才公寓需求。金融扶持方面，对瞪羚企业用于主营业务发展产生的银行贷款利息、担保费、贷款保险费等费用支出给予一定补助，并对获得股权投资机构投资的瞪羚企业给予奖励。

通过申报遴选，2018年潍坊高新区共挖掘培育23家瞪羚企业与14家培育类瞪羚企业。从统计数据来看，2018年潍坊高新区瞪羚企业平均营业收入超过2亿元，三年复合增长率超过30%，平均授权专利58件，平均科研投入强度超过6%。其平均表现远高于国家高新区瞪羚企业，属于较为优质的瞪羚企业群体。

除此之外，潍坊高新区成立了山东省内第一家瞪羚俱乐部，成员涵盖高新区瞪羚企业、培育类瞪羚企业、潜在高成长企业、内外部金融机构，第三方服务机构等。瞪羚俱乐部通过引入国内外创新创业服务资源，为企业提供覆盖成长全链条的服务，构建自进化、自成长的创新创业生态系统，并扮演培育和支持潍坊瞪羚企业的载体和平台的角色，为高新企业提供包括政策解读、奖励申请、资源链接在内的各类政府服务，为区内初创企业迈向瞪羚企业、助力瞪羚企业高速发展提供支撑。

潍坊高新区瞪羚企业典型案例如下。

潍坊恩源信息科技有限公司——山东省第一批企业上云行业云平台服务商。潍坊恩源信息科技有限公司（以下简称"恩源科技"）成立于2009年。恩源科技是中国第一批从事IT行业的公司之一，公司业务主要包括电商云服务平台、云呼叫中心平台等以源链云为核心的云服务。为时刻跟随时代的步伐，恩源科技与国内多家知名企业达成战略合作伙伴关系。恩源科技不仅帮助企业进行数字化转型，还可以寻找更广泛的市场，帮助企业提高品牌知名度，降低经营风险，获得协同效应，增强企业竞争力。此外，恩源科技致力于信息服务及软件开发，坚持自主创新的知识产权策略，并借助省级软件工程技术中心平台，充分发挥潍坊软件产业龙头的作用。公司自主研发的"恩源百仕达"电子商务平台获批国家火炬计划。"源谷空间"被认定为省级创客中心。基于云计算技术不断研发新的产品服务，如智慧水务建设、智慧教育、智慧园区、全景智慧城市，以及智慧党建等。

山东天瑞重工有限公司——磁悬浮动力和凿岩装备研发的高新技术企业。山东天瑞重工有限公司（以下简称"天瑞重工"）成立于2010年，主要产品以磁悬浮鼓风机和高端凿岩机装备为主。面对共享经济，天瑞重工抓住机会，开拓销售渠道，实现双赢合作，利用共享经济为自己带来更多的客户和收入。天瑞重工和钻集网、《钻机商刊》开展合作，使钻集网和《钻机商刊》成为天瑞重工的新销售渠道。磁悬浮离心鼓风机经过6年的研发、市场推广，已经在众多行业快速应用。在污水处理、水泥、化工及造纸等行业，都获得用户的高度认可，并且帮助用户提高经济效益和社会效益。此外，天瑞重工拥有一支行业领先的研发团队，有研发人员45名，技术中心有5个研究室，分别负责各类新产品的研发。强大的研发团队是天瑞重工人才库的中流砥柱。伴随人才队伍的不断壮大，企业产品的技术含量也大幅提升。

山东蓝创网络技术股份有限公司——互联网+智慧老龄服务的高科技型企业。山东蓝创网络技术股份有限公司（以下简称"蓝创网络"）成立于2013年，公司业务以互联网+智慧医疗、互联网+智慧老龄服务系统等全新产业项目为主。"智能养老服务项目"是基于电视机的人机智能交互模式，集"语音视频、健康管理、医疗救助、生活服务、场景互动、即时聊天"于一身的智慧养老系统。该项目一经立项便被发展改革委列为"重大民生应用示范"，项目支持资金2015万元。2019年被山东省工业和信息化厅确定为第一批"现代优势产业集群+人工智能"试点示范企业及项目。蓝创网络产品理念是只做本质差异化的产品，只走本质差异化的模式，寻找现代人生活中的刚需，聚焦目光深度挖掘刚需中的新的可能性，以寻求快速引爆市场的效果。互联网+智慧老龄服务和互联网+智慧医疗便是在这样的经营理念中被创造的。并且，蓝创网络与多种行业合作，开拓自身无限的可能性。与医药和传媒公司合作，提高品牌形象，增加销售渠道。与政府合作，获取政策支持，了解实际应用情况。与养老机构等企业合作，快速寻找和打入市场。与多行业多国家展开的合作，丰富了产品价值，增加了企业经验。

（六）江西省出台高成长企业、瞪羚企业发展十二条措施

为深入实施创新驱动发展战略，加快创新型省份建设步伐，促进高成长企业、瞪羚企业加快发展壮大，推动新旧动能转换，江西省于2018年开始开展全省范围内的瞪羚企业、高成长企业培育工作，重点培育和鼓励快速增长的、创新性强的优质企业，并结合江西省实际情况，提出了《加快高成长、瞪羚企业发展十二条措施》。政策措施覆盖高成长企业发展过程中的多个方面需求，其中主要在首次认定奖励、科技创新支持、人才引育及融资补贴和平台搭建几个方面给予帮扶。2019年，随着江西省高成

长企业梯度培育工作的不断深入，江西省瞪羚企业、高成长企业不断涌现，规模不断壮大，创新引领作用增强，集聚效应显著，高质量发展引擎作用日益显现。

江西省南昌瞪羚企业典型案例如下。

南昌欧菲生物识别技术有限公司——指纹识别整体方案提供商。南昌欧菲生物识别技术有限公司（以下简称"欧菲生物"）成立于2014年3月，是一家指纹识别整体方案的提供商，拥有under glass和under display的屏下指纹方案。主要产品有指纹芯片封装、模组及相关测试软件等，除应用于手机领域，还开拓金融支付、安防、汽车、健康等领域生物识别应用。欧菲生物的核心竞争力主要来源于科技创新及人才团队。欧菲生物的主要研发方向集中在光学及超声波学方面的屏下指纹方案。欧菲生物在人才方面的布局奠定了科技创新的基础，公司内部的人员规模有9500人左右，并且在中国台湾、韩国、日本都有相关专业的技术专家。欧菲生物2018年的营销收入达191亿元左右，研发支出占比达3.5%。2015年和2018年营销收入都有快速增长，主要是因为电容指纹和3D生物识别技术的市场爆发，其中相关专业的技术人才和技术创新使得欧菲生物在市场占有一席之地。

江西高创保安服务技术有限公司——创新型的高科技保安服务企业。江西高创保安服务技术有限公司（以下简称"高创保安"）成立于2013年，注册资本在2600万元左右。目前共有1200余名员工，其中科研人员100余人，技术及辅助人员100余人，专业保安1000余人。高创保安是一家创新型高科技保安服务企业，融合人工智能、安防科技、云平台与大数据分析和专业保安值守等多项技术手段为一体，为社会提供"人工智能+专业保安服务"——"地网工程"综合安全服务。服务业务包括门卫、巡逻、守护、随身护卫、安全检查、安全技术防范、安全防范咨询、安防工程设计等。为实现创新型高科技保安服务，高创保安的研发支出占营业收入的比例大于4%，并且公司有17项安保方面的专利发明及38项软件著作权，如基于多角度的人脸识别模型训练及测试系统、基于人口信息库与实名通话记录的团伙及其头目识别方法，以及车辆结构化智能解析平台等。高创保安科研方面的成果创造了创新型的高科技保安服务企业。

江西联思触控技术有限公司——基础触屏一体化自主研发。江西联思触控技术有限公司（以下简称"联思触控"）成立于2014年11月，注册资金5000万美元。母公司联创电子股份公司出资3000万美元，占60%股权，韩国美法思株式会社出资2000万美元，占40%股权。联思触控主要以触控屏幕一体化的自主设计研发和生产为主。触控显示产品的营业收入80%来源于手机屏幕，20%来源于车载家电等行业，目前主要客户以三星和华为为主。联思触控累计研发投入达1.2亿元，目前的主要研发技改方向是INCELL、ONCELL触控显示一体化、3D曲面及OLED显示技术。联思触控的人员规模达1500人左右，为持续研发触控显示一体化产品，企业有自主研发团队，在工程技术研究中心的人才布局有193人，其中有15位国外技术专家，1位博士，7位硕士。联思触控在南昌、上海、深圳都设有研发部，并与南昌航空大学建立校企战略合作协议，设立人力资源培训基地。

《国家高新区瞪羚企业发展报告2019》遴选标准

附件

《国家高新区瞪羚企业发展报告2019》以国家高新区2015—2018年企业统计数据为国家高新区瞪羚企业遴选与分析的基础。

基于对国际瞪羚企业标准的深入研究，并结合国家高新区企业发展实际情况，本期报告提出了"国家高新区瞪羚企业遴选标准"，并据此对高新区内企业进行遴选。具体而言，国家高新区瞪羚企业遴选标准包括定量提取指标、定性筛查指标及创新门槛指标3个方面，企业同时满足这3个方面指标的要求方可入选国家高新区瞪羚企业。

一、定量提取指标

入选需满足以下条件之一。

Ⅰ：企业成立时间不早于2005年，2015年总收入不少于1000万元且2015—2018年复合增长率不低于20%，且2018年正增长；

Ⅱ：企业成立时间不早于2005年，2015年雇员总数不少于100人且2015—2018年复合增长率不低于30%，且2018年正增长；

Ⅲ：企业成立时间不早于2014年，2018年总收入不低于5亿元（即成立5年内总收入突破5亿元），且3年收入无大幅下降；

Ⅳ：企业成立时间不早于2009年，2018年总收入不低于10亿元（即成立10年内总收入突破10亿元），且3年收入无大幅下降。

二、定性筛查指标

入选需满足以下全部条件，否则将被剔除。

行业性质：非烟草、铁路、矿产资源、公共服务等垄断性行业企业，以及房地产、基础建设、银行等行业。

企业性质：非大型央企、外企生产基地、分公司、销售公司、贸易公司。

三、创新门槛指标

入选需满足以下条件[①]。

4年平均科技活动投入强度（即科技活动投入经费占营业收入的比例）不低于2.5%。

---

① 自《国家高新区瞪羚企业发展报告2019》起，全部瞪羚企业科技活动投入强度要求不低于2.5%，即去掉原创新门槛指标B类指标（筛选条件1，仅有1年收入数据的企业，统计数据的截止年总收入＞5亿元且成立不超过5年；筛选条件2，有效数据2年以上的企业，截止年总收入＞1亿元且两年复合增长率或三年复合增长率＞30%）。